BRIAN BRENNAN
PAULA MARIANI

1000 EXPRESSÕES PARA FALAR

INGLÊS COMO UM NATIVO

VOLUME II

Tradução
Sandra Dolinsky

martins fontes
selo martins

1000 EXPRESSÕES PARA FALAR
INGLÊS COMO UM NATIVO
VOLUME II

© 2019 Martins Editora Livraria Ltda., São Paulo, para a presente edição.
© Difusión, Centro de Investigación y Publicaciones de Idiomas, S. L. Barcelona, 2015.
Esta obra foi originalmente publicada em espanhol sob o título *Don´t Get me Wrong Again*
por Difusión, Centro de Investigación y Publicaciones de Idiomas, S. L.

Publisher	Evandro Mendonça Martins Fontes
Coordenação editorial	Vanessa Faleck
Produção editorial	Carolina Cordeiro Lopes
Preparação	Maria do Carmo Zanini
Revisão	Renata Sangeon e Bárbara Parente
Capa	Renata Milan
Diagramação	Renato Carbone
Redação	Ainara Munt
Projeto gráfico	emeyele®
Ilustrações	Enric Font e Ernesto Rodríguez (p. 27)

Dados Internacionais de Catalogação na Publicação (CIP)
Andreia de Almeida CRB-8/7889

Brennan, Brian
　1000 expressões para falar inglês como um nativo – volume II / Brian Brennan e Paula Mariani ; tradução de Sandra Dolinsky. – São Paulo : Martins Fontes – selo Martins, 2019.
　288 p. : il., color.

　ISBN 978-85-8063-351-1
　Título original: Don't Get Me Wrong Again: 1000 nuevas expresiones en inglês para hablar como un nativo

　1. Língua inglesa – Estudo e ensino 2. Língua inglesa – Compêndios para estrangeiros 3. Língua inglesa – Conversação e frases I. Título II. Dolinsky, Sandra.

18-0724　　　　　　　　　　　　　　　　　　　　　　　　　　CDD-428

Índice para catálogo sistemático:
1. Idioma inglês : Estudo e ensino : Falantes estrangeiros

Todos os direitos desta edição reservados à
Martins Editora Livraria Ltda.
Av. Dr. Arnaldo, 2076
01255-000 São Paulo SP Brasil
Tel.: (11) 3116 0000
info@emartinsfontes.com.br
www.emartinsfontes.com.br

SUMÁRIO

Prólogo	7
Apresentação	8
Despedir-se	11
Amor, sexo e desamor	14
Animais	22
Harmonia e conflito	28
Bom e ruim	30
Procurar e encontrar	33
Cores	35
Comida	39
Comunicação	47
Animado (ou não)	51
Na estrada	53
Consequências	58
Criticar e elogiar	61
Gradações de alegria	70
De mau humor	73
Decisões	77
Inevitável	80
Direto e indireto	83
Sucesso e fracasso	86
Começar e terminar	93
Esperar	98
Estar por dentro	101
Evidente ou não	105
Experiência e inexperiência	110
Água	114
Fácil ou difícil	117
Feliz ou não	123
Frear ou acelerar	127
Fronteiras e limites	130
Dinheiro	132
Falar de tempo	138
Honradez	144
Importância relativa	146
Improvisar ou planejar	147

SUMÁRIO

Inteligência ou estupidez 152
Troca de favores 156
Justiça... 161
Questão de idade... 163
Expressões com *fish* 167
Saúde 170
Vingança e justiça.. 172
Vida e morte 177
Expressões com *mind*... 182
Inveja 184
Necessário ou não.. 186
Negócios.. 188
Esquecimento e perdão 191
Otimismo e pessimismo 193
Paciência... 196
Intuições diversas 199
Parecido ou diferente 202
Parte ou todo.. 204
Divertir-se ou não 206
Persuasão... 208
Possível ou impossível... 210
Problemas 213
Resignação ou rebeldia.. 220
Sensatez e insensatez 223
Sociedade e relações de poder.................................. 226
Surpresas... 234
Sorte e azar 236
Basta, sobra ou falta 242
Quantidades... 247
Acabado ou não.. 250
Trabalho 252
Tranquilo ou alterado 255
Verdade ou mentira 260
Na minha opinião 268
Expressões com *right* e *wrong*................................. 271

Índice 274

PRÓLOGO

O que é preciso para falar outro idioma? Palavras, obviamente. E, para unir as palavras, é necessário gramática. Portanto, não é de se estranhar que a maioria dos cursos de idiomas se concentre nesses aspectos da língua e estimule os alunos a comprar dicionários e gramáticas.

Contudo, como gerações de estudantes de idiomas podem confirmar, o vocabulário e a gramática, apenas, não garantem a fluência. Nos últimos anos, os estudiosos da língua (linguistas) e aqueles que estudam a aprendizagem de um idioma (psicolinguistas) chegaram à mesma conclusão: a pessoa só falará fluentemente uma língua quando memorizar um repertório de expressões idiomáticas e frases feitas. As expressões idiomáticas são mais que palavras, embora não cheguem a ser gramática. E são necessárias aos milhares ou dezenas de milhares.

Por que usar expressões idiomáticas? Por dois motivos importantes. Em primeiro lugar, elas economizam tempo: é mais rápido relembrar a frase "em primeiro lugar" como unidade completa que formá-la palavra por palavra. E, ainda mais importante, elas proporcionam "idiomaticidade", e essa é a maneira natural de dizer as coisas. Por exemplo, poderíamos dizer "uma palavra após a outra", "primeiro uma palavra e depois a outra" ou "palavras de uma em uma". Todas são gramaticalmente corretas, mas a forma mais natural e idiomática de dizer tal coisa é "palavra por palavra". Isso é idiomaticidade.

Portanto, para ter fluência em inglês, é necessário mais que um dicionário, mais que uma gramática. É necessário um livro como este, que trata de algo chamado tecnicamente de "fraseologia". E é necessário um livro que, também como este, esteja atualizado (**is up-to-date**, outra frase feita!) e seja extenso o suficiente para cobrir uma grande variedade de estilos e situações úteis.

Isso é um fato, estou dizendo. Pode ter certeza. Não estou tirando com a sua cara. Acredite!

Scott Thornbury
Autor de materiais didáticos e formador de professores de inglês

APRESENTAÇÃO

estrutura

Como se organiza este livro? Tentamos agrupar, dentro do possível, as frases e expressões em grandes áreas segundo a função ou a semântica: "bom e ruim", "fronteiras e limites", "inevitável", "amor e desamor", "verdade ou mentira" etc. Com essa organização, nosso intuito é simplesmente facilitar a leitura por seções ou interesses pragmáticos, o que nunca ousaríamos fazer com um dicionário.

GOOD RIDDANCE

DESPEDIR-SE

desaparecer

disappear off the face of the Earth
desaparecer da face da Terra

Igual ao seu equivalente em português, é usada para se referir tanto a coisas quanto a pessoas que desaparecem sem deixar rastro.

- Do they really think these problems are going to **disappear off the face of the Earth** just by killing a few thousand people?

gone walkabout
sem deixar rastro

É uma frase de origem australiana. Os aborígenes do sexo masculino que viviam na sociedade moderna voltavam temporariamente à sua tradição nativa, deixando tudo para trás. *Gone walkabout* era a explicação que se dava a essas ausências e tornou-se sinônimo de qualquer ausência não justificada.

- —Hey, anyone seen Billy?
  —Billy? Not seen him all day. He must've **gone walkabout**.

vanish into thin air
desaparecer

Literalmente "desaparecer no ar fino"; significa que é impossível encontrar o que se está procurando. Aplica-se a coisas e a pessoas.

- —I left the money just there, five minutes ago. It can't have just **vanished into thin air**!
  —Okay, calm down.

até logo, passar bem

a golden handshake
indenização milionária

Ou, como dizem em inglês, "um aperto de mãos de ouro". Normalmente faz parte do contrato dos altos cargos e é entregue quando a pessoa é demitida. E aí já não precisa mais trabalhar, claro.

- —They finally managed to get Esther out of the company, after all these years.
  —I imagine that early retirement included **a golden handshake**.
  —Naturally.

get the hell out of here!
caia fora!
suma daqui!

Expressão muito utilizada no cinema, especialmente depois de uma discussão acalorada e em filmes de ação. Não é preciso usá-la no imperativo; o verbo pode ser conjugado em qualquer modo, mas esta é a forma mais habitual.

- —I don't want to see you talking to my daughter ever again. You hear me? Now **get the hell out of here**!
  —But I love her, sir!

get your marching orders
demitir alguém
pôr no olho da rua

Em inglês, o que se recebe são "ordens de sair marchando", um óbvio jargão militar. Hoje, é usada para dizer elegantemente que alguém foi posto no olho da rua.

- —Did you hear that Fiona **got her marching orders** yesterday?
  —No! How did that happen?

good riddance!
já vai tarde
adeus e boa viagem

"Boa viagem" é usada em inglês com uma boa carga de ironia, quando alguém desagradável vai embora ou quando a pessoa termina algo que era insuportável. A frase precisa ser dita com veemência para que tenha sentido.

DESPEDIR-SE

> ○ —Has your weird flatmate finally moved out?
> —Yes, and **good riddance**!

send someone packing
mandar passear

Às vezes nos irritamos com alguém e o mandamos embora de uma maneira contundente e um tanto grosseira. Não se preocupe, "mandar alguém fazer as malas" acontece nas melhores famílias.

> ○ That temporary receptionist you sent us? We had to **send her packing**! She was late three days in a row, and was rude to the clients.

you're (just) not my type
você não é (bem) o meu tipo

Frase típica para dizer a uma pessoa que não gostamos dela sem ferir seus sentimentos. Também podemos dizê-la ao contrário: *I'm just not your type*. Que elegância!

> ○ —Do you want to come to the coast this weekend? We can...
> —Listen, I've been thinking, and I've decided that **you're just not my type**.
> —Oh.

leave someone in the lurch
deixar alguém na mão
leave someone holding the baby
deixar alguém com o pepino/ com a bomba na mão

É usada em situações em que alguém deixa o problema nas mãos dos outros e cai fora. Em inglês se deixa a pessoa "segurando o bebê", uma imagem bastante ilustrativa do fardo que lhe jogam nas costas.

> ○ —Four of us paid for those concert tickets using my credit card; now the other three say they don't want to go, and that I didn't understand them.
> —So your friends have **left you in the lurch**, right?

GET A ROOM

AMOR, SEXO E DESAMOR

atração

beauty is in the eye of the beholder
*gosto não se discute
a beleza está nos olhos de quem vê*

A beleza não está no objeto contemplado, e sim na pessoa que o percebe por meio dos sentidos (veja-se, por exemplo, *O belo e o sublime*, de Immanuel Kant). A expressão indica, de modo claro e direto, que não existem cânones de Beleza (sim, com inicial maiúscula) aceitos universalmente, que podemos discordar quanto ao que consideramos belo (e feio). É uma expressão um tanto formal, mas pode ser usada de maneira irônica, não só em relação a pessoas que conhecemos, como também no caso de paisagens e objetos.

- —Let me just show you a photo of someone I've met… there, don't you think she's gorgeous?
  —Well, **beauty's in the eye of the beholder**, I guess. Okay, okay, just kidding.

beauty is only skin-deep
o que importa é a beleza interior

De acordo com esta expressão em inglês, a beleza é tão superficial (*skin-deep*, a mesma profundidade da pele) que tanto faz a aparência externa, pois o importante emana do interior de cada um.

- They say that **beauty is only skin-deep**, but as an industry, it's close to infinite.

have a soft spot for someone
ter uma queda por alguém

"Tenho uma quedinha por ele, sabe..." Em inglês, dizemos ter uma "parte molinha" (*soft spot*) dedicada a alguém. Também podemos ter fraqueza ou simpatia por uma coisa ou um lugar, mas, geralmente, esta expressão é usada com pessoas. Repare na repetição de *s+o*.

○ —Is it true you**'ve got a soft spot for** Virginia?
—Don't be stupid! We're just friends. Who told you that, anyway?

make eyes at someone
dar em cima de alguém
flertar

Literalmente é "fazer olhos para alguém", uma imagem que certamente todos conhecem, pois é universal. Além de seu sentido romântico, pode ser usada nos negócios ou em muitos outros contextos para indicar um flerte em sentido figurado.

○ —Was Helen **making eyes at you** again at the staff party last night?
—I can't even remember if she was there.
—So she *was* making eyes at you!

the boy / girl next door
é uma pessoa comum

Expressão usada para falar de alguém que não nos chama atenção, justamente por ser comum. Além disso, geralmente tem um sentido de pessoa "de bem", que vive segundo valores morais sólidos. Curiosamente, também pode ser usada no sentido oposto, de alguém "normal", que conhecemos desde sempre e por quem sempre fomos apaixonados.

○ —So who's your ideal boy?
—I think it's **the boy next door**; he's perfect.
—Does he say the same about you?
—No way; he doesn't even know I exist.

turn me on
push my buttons
excitar

As duas frases são tecnológicas: uma fala de ligar a máquina, e a outra, de apertar teclas. O significado está claro, pois esses interruptores imaginários conseguem uma resposta automática: deixam-nos loucos. Cuidado com *push my buttons*, pois, em outro contexto, significa "irritar", "tirar do sério" e "enlouquecer" alguém, mas de raiva.

> —I really don't know what you see in him.
> —I can't say; he just **pushes my buttons.**
> —But what is it about him that **turns you on**?
> —It's hard to say; he...

sexo

a friend with benefits
amizade-colorida
ficante
peguete
a fuckbuddy
pau amigo

Aqui estão duas expressões para a vida toda. Cuidado, porque *fuckbuddy* é muito vulgar, usada especialmente nos Estados Unidos. Além de ter um pau amigo, podemos fazer *booty calls*, ou seja, ligar no meio da noite para nossos *fuckbuddies* quando estamos a fim de sexo. É toda uma subcultura...

> —Are you seeing anyone these days?
> —No special friend?
> —I have lots of friends.
> —No, I mean **a friend with benefits**.
> —No, why?

a one-night stand
caso de uma noite só

Seu uso e significado são idênticos em inglês e português. Também existe a variante *one-nighter* (literalmente, "uma tresnoitada"). A expressão vem do mundo do espetáculo, pois *one-night stand* era como os membros de uma companhia em turnê se referiam a uma apresentação de uma noite só. O conceito de "espetáculo esporádico" acabou extrapolando para o contexto sexual.

○ —Well, I'd better be leaving. Bye!
—Wait a minute; do you want to see me again, or was this **a one-night stand**?
—Of course!
—Of course *what*?

get a room!
vão para um motel!

Explícito, não? Quando um casal fica carinhoso demais em público, o *get a room!* insinua aos dois que parem de se pegar ou que arranjem um quarto para fazer o que estão fazendo entre quatro paredes.

○ —Hey you guys, **get a room!**
—Mind your own business!
—Cut it out! This is a public park!

get one's rocks / load off
transar

Muito vulgar, muito direta e muito clara, é uma frase tradicionalmente masculina que algumas mulheres começaram a usar. A expressão com *rocks* é do inglês britânico e, com *load*, do norte-americano; mas, em ambos os casos, significa o mesmo: "fazer sexo".

○ —Hey, how was your weekend in Ibiza? Did you **get your rocks off**?
—No, I was there for a spiritual retreat.
—So you *didn't* get your rocks off?

have an affair (with somebody)
ter um caso (com alguém)

Affair vem da forma francesa *avoir à faire* ("ter coisas a fazer"), ou seja, "estar ocupado". Falamos de *affair* quando um dos dois implicados – ou ambos – tem algum tipo de compromisso afetivo (ou seja, quando namora ou é casado).

○ —I think my wife's **having an affair**, Tom.
—**Who with**?
—Why do you ask *who with*, instead of *why?*
—Oh, no reason, no special reason.

the birds and the bees
a cegonha
o repolho
the facts of life
as coisas da vida

Como é difícil explicar às crianças como nos reproduzimos! Por isso, na frente delas, costumamos falar por metáforas para que os menores não nos entendam. Em inglês se fala de "pássaros e abelhas" ou das "coisas da vida", enquanto em português falamos de cegonhas ou repolhos, como se os bebês fossem trazidos pelas primeiras ou encontrados dentro dos segundos.

O —Jackie, please sit down because I think it's time I talked to you about **the birds and the bees**. You're old enough to understand now.
—But Dad, our biology teacher told us **the facts of life** last year!

companheiros e ex

happy ever after
they lived happily ever after
e viveram felizes para sempre

Happy ending obrigatório de qualquer conto que se preze, tem a virtude de acontecer sempre antes que as mazelas domésticas e as discussões conjugais apareçam.

O —...and **they lived happily ever after**.
—How?
—How *what*?
—What was their secret?

someone's other half
someone's better half
o marido/a esposa
a cara-metade

Uma forma divertida e coloquial de nos referirmos ao cônjuge. "A outra metade" ou, com um pouco mais de humor, "a cara-metade", é mais usada por pessoas casadas, geralmente por homens. Por que será?

O —You're coming to the barbecue on Sunday, aren't you?
—Oh yes!
—So finally we'll meet **your better half**.

the love of my life
o amor da minha vida

Ah, o inglês e as aliterações... "O amor da minha vida" soa melódico na língua de Shakespeare. Exatamente igual em português, a frase sugere que nunca vamos amar ninguém tanto quanto amamos a pessoa em questão.

- —So how's it going with Sam?
  —Fine, but I don't think he's **the love of my life**.
  —I see.

there are plenty more fish in the sea
está cheio de homem/ mulher por aí

Só sofre de amor quem quer. É a típica frase que dizemos a um(a) amigo(a) que acaba de terminar com a(o) namorada(o): "não é a única pessoa no mundo, o mar está cheio de peixes".

- —What's wrong?
  —Eva has dumped me.
  —Oh well, **there are plenty more fish in the sea**.
  —But not like Eva.
  —Good! You don't need someone who's going to leave you, do you?

tie the knot
enforcar-se casar

Quando alguém finalmente decide se casar, em inglês dizemos que a pessoa vai "amarrar o nó". É uma frase um tanto divertida e coloquial e também um pouco antiquada. Nenhum adolescente a usa, só pessoas de meia-idade.

- —So, you've been together for two years now; when are you going to **tie the knot**?
  —Yesterday, in fact; sorry, I forgot to invite you.

sobre o amor

a shotgun wedding
casar obrigado

O projétil (em inglês) acertou o alvo e, como prêmio, trouxe um bebê concebido fora ou antes do casamento. A solução? Até recentemente, o único jeito era casar na marra. A frase também pode ser usada para falar de qualquer tipo de aliança inesperada.

- —Did you hear that Martha got married last week?
  —You're joking!
  —She sure did; **a shotgun wedding**, so I hear.
  —Well, I never!

love is blind
o amor é cego

Pois é, o amor é cego, e nunca sabemos por quem vamos nos apaixonar. É usada em inglês da mesma maneira que a usamos em português. Mas atenção: em inglês não leva artigo, pois *love* é um substantivo abstrato.

- —And if you look at this part of the painting, we have Cupid, the god of love, wearing a blindfold, because, as we know, **love is blind**.
  —Oh really, who told you that?

love makes the world go round
o amor move montanhas

O que estimula as pessoas a fazer o que fazem? Existem várias teorias, mas uma delas diz que o amor é o que move nossos atos, o estímulo que nos faz agir e dá sentido a nossas vidas. Repare só em quantos absurdos já foram feitos por amor!

- A lot of people say that money makes the world go round, but actually **love makes the world go round**. Look at the Arrivals Terminal for long-distance flights at any major airport and see for yourself.

PDA
demonstrações públicas de afeto

Esta sigla corresponde a *Public Displays of Affection*, ou seja, beijos, abraços, piscadinhas... em público. Entre duas pessoas que se amam, a comunicação não verbal costuma ser tão ou mais explícita que a verbal. Contudo, especialmente nas culturas não latinas, tal demonstração de afeto pode causar certo constrangimento e, por isso, foi codificada nesta sigla.

○ —If you don't mind, I'm not into **PDA**. It's just that I don't like anyone touching me in public.
—So I'm "anyone", am I? Thanks a lot.

the course of true love never did run smooth
o amor nunca trilhou caminhos fáceis

É uma citação de Shakespeare, de *Sonho de uma noite de verão* (1598). A expressão em inglês compara o amor a um rio: se for verdadeiro, encontrará meandros ao longo de seu curso.

○ —I understand you and Nicola are having a few problems.
—You know what they say: **the course of true love never did run smooth**.
—Okay, if you want to talk about it, I'll be here.

when poverty comes in at the door, love flies out of the window
quando a fome entra pela porta o amor sai pela janela

É um ditado do século XVII, que talvez tenha surgido em contraposição à poesia romântica da época. O sentido é claro: durante crises econômicas, o amor se ressente... Ou, mais descaradamente: certas pessoas só amam por dinheiro.

○ They used to tell us that **when poverty comes in at the door, love flies out of the window**, and we didn't believe it, until it happened.

I SMELL A RAT

ANIMAIS

a leopard cannot change its spots
pau que nasce torto nunca se endireita

Seja um leopardo ou um pau torto, assim será até o fim de seus dias. Por mais que nos empenhemos, não podemos mudar o que somos.

○ —He's done it again, has he?
—I thought he'd change after we got married.
—But you know what they say: **a leopard cannot change his spots**.

a snake in the grass
víbora; pessoa falsa e traidora

Vem do latim, *latet anguis in herba* ("a cobra se esconde na relva", Virgilio, *Bucólicas*, 3, 93), e se refere às artimanhas da natureza. A expressão em inglês, que se usa no mínimo desde fins do século XVII, faz referência a alguém que, quando menos esperamos, nos apunhala pelas costas.

○ —She heard me talking about the job in the bar, and then she went off and applied for it herself!
—What's wrong with that?
—What's wrong with it? She's **a snake in the grass**! She's supposed to be my friend!

a wild-goose chase
*perda de tempo
é procurar agulha no palheiro*

Literalmente, "caçada a gansos selvagens", aves que correm feito loucas de cá para lá, tornando a captura praticamente impossível. A expressão existe pelo menos desde o século XVI, pois Mercúcio já a usava em *Romeu e Julieta*.

○ —The map you gave us had all the old street names from the days of the dictatorship. So there was no way we could find the house where you lived.
—I'm sorry for having sent you on **a wild-goose chase** then.

chicken-feed
uma mixaria

Literalmente, significa "ração de galinha" e é usada em referência a uma quantidade ridícula de dinheiro.

○ You complain about the service and the lack of a smile and good manners, but you seem to forget that they pay these workers **chicken-feed**. How sweet would you be if they paid you *their* salary?

do the lion's share
ficar com a melhor ou a maior parte

O leão sempre recebe a maior parte, seja do trabalho ou da recompensa. Portanto, quem fica com a parte do leão fica com a melhor ou a maior parte do que for. É uma frase neutra, usada não somente para reclamar, mas também para falar da maior parte de algo em qualquer contexto. Surge de uma fábula de Esopo; portanto é uma expressão antiquíssima. Também pode ser usada com *get* e *work*.

○ She told me that she **does the lion's share** of the housework, though her husband does a few things like the gardening, looking after the cars, doing any repairs that need doing, paying the bills and sorting out the tax, taking the kids to school and...

flogging a dead horse
malhar em ferro frio
dar murro em ponta de faca

A imagem é muito desagradável, pois significa literalmente "açoitar um cavalo morto"; mas a expressão tem o sentido de insistir em algo que obviamente não trará um bom resultado, de perseverar em uma causa perdida.

> —I think we're **flogging a dead horse if we** are trying to increase sales by spending more on marketing. People are simply looking for a less expensive product at the present moment.

have a bee in your bonnet (about something)
cismar com alguma coisa

Bonnet é uma antiga touca de mulher ou bebê que se amarra sob o queixo e que costuma ter uma viseira rígida ou de renda contornando o rosto. Se tivéssemos uma abelha dentro da touca, não conseguiríamos pensar em outra coisa além de tirá-la dali.

> When she gets **a bee in her bonnet** about a good cause, usually about social justice, she's absolutely unstoppable.

it's a dog's life
vida de cão

O primeiro texto documentado com a expressão *a dog's life* data do século XVI, quando os cães não eram animais de estimação, mas de caça e guarda, e ganhavam mais pauladas que afagos. Portanto, levar uma vida de cão era ruim, com o agravante de não se poder fazer nada para mudá-la.

> —She was able to send a bit of money back to her family in Cuba every month, as things are so hard there whatever your job is. Now that she's lost her job here that's impossible.
> —Yes, it's **a dog's life**, isn't it?

it's raining cats and dogs
está chovendo canivetes

De origem incerta (existem mais de cinco teorias diferentes sobre sua procedência), esta expressão evoca claramente uma imagem muito mais engraçada que a do canivete (para não dizer menos dolorosa).

> —Are you getting some rain there too?
> —Right now **it's raining cats and dogs**.
> I was going to do some gardening, but I think it's going to be a DVD afternoon.

ANIMAIS

keep the wolf from the door
sobreviver mal e porcamente

Em inglês, é muito ilustrativo: "manter o lobo longe da porta". O lobo representa o perigo da miséria, e a frase significa ter dinheiro suficiente só para não cair na miséria, apenas para atender às necessidades básicas. O uso costumava ser bem irônico, mas infelizmente, do jeito que as coisas andam, está voltando a ser bastante habitual.

> —Is it true there are people living on an Emergency Benefit of €425 a month?
> —Thousands. It's just enough **to keep the wolf from the door**, provided you live with your parents or someone who can help you out. Otherwise...

like a dog's breakfast
um caos
like a dog's dinner
um brinco

Em sua primeira refeição do dia, o cão é voraz, enquanto à noite o animal se mostra mais calmo. Assim, em inglês, as refeições caninas definem o grau de caos e formalidade de cada situação. No caso do "café da manhã", significa que está tudo um nojo e, no do "jantar", que há um excesso de zelo.

> —Your desk looks like **a dog's breakfast**!
> —Yes, but I know exactly where everything is.
> —Look at her dressed up **like a dog's dinner**! Who does she think she is?
> —Well, she *is* the bride's mother. It's her big day too.

not enough room to swing a cat
não caber nem mais um alfinete

Uma frase muito engraçada que literalmente informa não haver espaço suficiente nem para girar um gato pelo rabo. Seu uso está documentado desde início do século XVII.

> —Where are you planning to hold the party?
> —In here.
> —But there **isn't enough room to swing a cat** in here!

not for donkey's years
há séculos/uma eternidade

Para nós, o tempo passa em séculos, mas, em inglês, parece que também passa em anos de burro, talvez porque contem mais, como os dos cães. Hoje em dia, está quase em desuso, mas também existe uma variante com *donkey's ears* (orelhas de burro). De fato, há quem diga que essa é a expressão original, que estabelece um paralelo entre um intervalo prolongado de tempo e as orelhas compridas de um burro, e que *ears* mudou para *years*.

○ My God, this music – it's *Blue* by Joni Mitchell, isn't it? I haven't heard this album **for donkey's years**!
—You should come more often; I play it all the time.

someone's goose is cooked
a sorte está lançada
seja o que Deus quiser

Basicamente, só resta enfrentar as consequências negativas de uma situação que pode ter sido provocada pela própria pessoa, mas não necessariamente. Tem um quê de inevitabilidade: o ganso já está no forno, não tem mais jeito.

○ —It's important that you vote with the government on this question.
—I'm afraid **my goose is cooked**. I've already made a press statement criticising the proposal and saying that I'll be voting with the opposition.

take the bull by the horns
pegar o touro pelos chifres

Assim como em português, *take the bull by the horns* significa enfrentar um problema diretamente.

○ Ladies and gentlemen, if we don't **take the bull by the horns** now, we will be leaving our children and grandchildren with a global problem of catastrophic consequences.

ANIMAIS

talk the hind legs off a donkey
falar pelos cotovelos

Falar tanto a ponto de arrancar as patas traseiras de um burro é outra dessas expressões engraçadas, ilustrativas e abundantes em inglês. Sabe-se que o burro é um animal muito, mas muito teimoso. Pois bem, originalmente, a expressão tinha o sentido de "ser muito persuasivo", a ponto de convencer um burro a se sentar sobre as patas traseiras.

- —Is there anything I need to know about your ex-student, Begoña? I've got her next month.
  —Very advanced level, great fun, and **she can talk the hind legs off a donkey**.

the black sheep of the family
a ovelha negra da família

Esta é idêntica à expressão em português. Curiosamente, são muitas as frases que usam a cor "preta" com uma conotação negativa.

- —Why do you say that you're **the black sheep of the family**?
  —They're all lawyers and doctors and until recently I was just an unsuccessful rock singer.

GREAT MINDS THINK ALIKE

HARMONIA E CONFLITO

harmonia

(be) after one's own heart
(ser) segundo seu coração
(ser) sua alma gêmea

É uma forma de adulação dizer que alguém é igualzinho a nós, que temos os mesmos gostos e os mesmos valores. É usada com todas as pessoas do discurso e tem origem bíblica.

- She recognised instantly that after so many months of disharmony in the department, here at last was **a man after her own heart**. She knew that he knew how the company had to change in order to survive.

great minds think alike
você leu meus pensamentos
você tirou as palavras
da minha boca

Uma frase bastante comum, usada quando duas pessoas têm a mesma ideia ou dizem a mesma coisa ao mesmo tempo. É tão habitual que só de dizer *Great minds...* as pessoas já entendem.

- —It's a long way to fly there and back in one day. I think we should spend the night there.
  —So do I! **Great minds think alike**, eh?

conflito

a sore point
um assunto delicado

Literalmente, é "um ponto dolorido" que, quando tocado, causa trauma. Costuma se referir a assuntos que normalmente evitamos em prol da convivência pacífica, porque, quando vêm à baila, provocam o caos.

○ —The fact that his ex-wife phones him quite often is **a sore point** between him and his new wife.
—*New* wife? You mean *wife*.

don't come the raw prawn with me (mate)!
não se faça de besta!

Uma frase tipicamente australiana. Ao pé da letra, significa "não venha de camarão cru comigo (cara)", porque se imagina que camarão cru deve ser difícil de engolir. Repare na repetição da vogal neutra em *raw / prawn*.

○ —Management now feels that the continued expense of your department cannot any longer be justified.
—**Don't come the raw prawn with me, mate**! Everyone knows you want me out!

give someone the creeps
dar calafrios, dar arrepios

É uma expressão tão informal quanto habitual, usada para nos referirmos a qualquer coisa ou pessoa que não nos agrada muito. É típica dos filmes de terror para adolescentes ou de qualquer contexto apavorante.

○ —What do you think of Daddy's new wife?
—**She gives me the creeps**. I think she'd poison my coffee if she could.

SEPARATE THE SHEEP FROM THE GOATS

BOM E RUIM

bom

practice makes perfect
a prática leva à perfeição

É isso mesmo: para chegar à perfeição, para dominar algo com maestria, é preciso treinar. É usada como o ditado brasileiro.

- —I made paella for lunch but I'm afraid it didn't turn out very well.
  —Never mind; **practice makes perfect**.

that's just the job
perfeito!

That's just (é exatamente) *the job* (o que se deve fazer) é uma expressão britânica usada quando alguém faz ou propõe algo perfeito para a situação.

- —Does anyone feel like a cold beer? I put half a dozen in the fridge earlier.
  —**That's just the job!**

couldn't be better
não poderia ser melhor!
se melhorar estraga

Uma expressão simples que significa exatamente o que parece: que as coisas não poderiam estar melhor, que tudo se encaixa e que o momento é o mais aprazível.

- —How are you finding life now that you're retired?
  —**Couldn't be better**, I should've done it 40 years ago.

(have) the best of both worlds
(ter) o melhor de dois mundos

Quando temos a sorte de poder aproveitar as vantagens de situações distintas (e, também, de evitar as desvantagens), dizemos que temos o melhor (*the best*) de dois mundos (*of both worlds*).

- —Is it true your grandmother spends the northern hemisphere summer in France and the southern hemisphere summer in Australia?
  —Yes, she really does **have the best of both worlds**.

bom ou ruim?

separate the sheep from the goats
separar o joio do trigo

A frase significa separar o bom ou útil do ruim. Vem da parábola bíblica dos cordeiros e cabras (Mateus 25, 32-3), na qual Jesus conta que o Juízo Final será como um pastor que separa os cordeiros das cabras. Convém não esquecer que cabras e bodes sempre foram associados a Satanás.

- When the Minister of Education was asked about the purpose of the new examination, he said that it was necessary to **separate the sheep from the goats**. The entire educational community was shocked.

separate the wheat from the chaff
separar o joio do trigo

Tem o mesmo sentido da frase anterior; fala do trigo (*wheat*) e da casca do cereal (*chaff*), ou seja, separa o que é nobre e serve para cozinhar daquilo que serve para alimentar os animais.

- —Okay, we've received over 100 applications for the job we advertised. As human resources manager, how long will it take you to **separate the wheat from the chaff**?
  —Hmm... About an hour.

ruim

a poor do
vergonhoso
péssimo

Expressão que usa *do* como substantivo, que, neste caso, significa "ação". A frase se aplica a uma infinidade de casos para indicar má gestão, má preparação, fracasso ou simplesmente má-fé. Também pode ser invertida e usada em sentido positivo: *nice* ou *good do*.

- —Did you hear what happened to Jane? They fired her just before she went home. With no warning. When she got back to her desk her email account had already been cancelled!
  —Jesus Christ! That's **a poor do**! How can they treat someone like that?

have two left feet
ser um desastrado

Está claro, não? Supostamente, o pé esquerdo é menos ágil que o direito, de modo que "ter dois pés esquerdos" é bem ilustrativo. Também podemos dizer *two left hands*, mas é menos habitual.

- —Why don't you ask her to dance?
  —I'm no good at it; **I've got two left feet**.
  —That doesn't matter, so long as you don't step on her toes.

HAVE A BUTCHER'S

PROCURAR E ENCONTRAR

a sight for sore eyes
um colírio para os olhos

Pode se referir justo ao que precisávamos no momento ou simplesmente a algo muito agradável de se olhar. Seja como for, causa alegria.

- —Hmmm... look at those waves! They're **a sight for sore eyes**, aren't they?
  —Okay, last one in the water buys the beers afterwards!

come / turn up trumps
ter sorte

Poderíamos traduzir essa expressão por "ter um trunfo", como se diz no pôquer. Ou seja, tirar uma carta boa que nos permite ganhar a partida.

- —You always **come up trumps**, don't you?
  —Well, I suppose I have been lucky in some things, but you make your own luck, don't you?

give someone / something the once-over
dar uma olhada

É usada em todos os países de língua inglesa para avaliar algo ou alguém. É bastante informal, mas pode ser usada em qualquer contexto.

- —I've been offered a second-hand car and I'd like you to **give it the once-over**, as you seem to know a lot.
  —Okay, I can do that.

have a butcher's (at something)
dar uma olhada

Informal e habitual no inglês britânico, especialmente o de Londres. E de onde saiu a expressão "dar uma de açougueiro" com alguma coisa? De uma rima do dialeto cockney, uma gíria londrina que substitui uma palavra de uso frequente por outra que faz parte de uma frase feita e rima com a primeira. É bastante arrevesado, mas cheio de graça. Neste caso, o açougueiro usa um *hook*, um gancho, para pendurar a carne, e hook rima com *look*.

- —I've just finished this email to Dad. Do you want **to have a butcher's** before I send it?
  —Yeah, okay, I will.

in every nook and cranny
em todos os cantinhos

Em todo lugar, em todos os cantos (*nooks*), gretas (*crannies*) e buracos. A frase indica alguém muito cuidadoso, que procura nos lugares mais inesperados.

- After looking **in every nook and cranny** of the old house where our grandparents lived, we finally found the missing documents.

leave no stone unturned
olhar em tudo

Esta expressão é similar à anterior, mas mais formal, de modo que é habitual entre políticos e porta-vozes da polícia. É sempre *stone*, no singular.

- I want you to know that we will **leave no stone unturned** in the search for this dangerous criminal who has brought terror to this peaceful community.

turn the place upside down
revirar tudo
virar tudo de cabeça para baixo

Literalmente: "deixar tudo de pernas para o ar", em busca de alguma coisa, procurar em todos os cantos da casa ou seja qual for o lugar. Típico das séries policiais.

- —Did you ever find the USB you lost?
  —No, and we **turned the place upside down**.

IN BLACK AND WHITE

CORES

black out
desmaiar

Ao desmaiar, de repente a pessoa vê tudo preto. É isso que a expressão descreve. É um *phrasal verb* intransitivo e, portanto, não precisa de complemento direto.

- —I've got no idea why, but I **blacked out** during the film.
  —Was it a very violent part of the film?
  —Well, yes.

blue-eyed boy
menino de ouro

Os olhos azuis fazem parte dos cânones de beleza da cultura ocidental. A expressão *blue-eyed boy*, literalmente "menino de olhos azuis", refere-se ao garoto ideal, perfeito, no qual as autoridades – professores, pais, chefes – depositam todas as esperanças, porque ele faz tudo bem-feito.

- He was **the blue-eyed boy** of the youth team, but a series of injuries meant that his playing career came to an abrupt end at the early age of 22.

catch someone red-handed
pegar alguém com a boca na botija

A ideia em inglês é bem mais forte que em português, pois, quando pegamos alguém *red-handed* (com as mãos vermelhas), é porque estão sujas de sangue. A frase remonta, pelo menos, a 1432, ano em que aparece nas Atas do Parlamento de Jaime I da Escócia.

> —I'm phoning to inform you that your son has been caught shoplifting at PC City.
> —That's impossible!
> —I'm afraid not. The shop's security cameras **caught him red-handed**.

give someone the red-carpet treatment
estender o tapete vermelho para alguém

A esta altura, todos conhecemos bem o tapete vermelho (*red carpet*), o lugar por onde entram as vaidosas celebridades e pessoas importantes em qualquer evento social, ou por onde desfilam monarcas e outras personalidades quando vão a uma solenidade. Assim, a expressão em inglês significa dar um tratamento muito cerimonioso e protocolar, como se daria a qualquer pessoa importante.

> We must really look after her well when she's here, because her family really **gave me the red-carpet treatment** when I was in Korea.

go through a purple patch
estar em uma maré de sorte

O *purple* (púrpura ou violeta) era a cor do imperador em Roma e, hoje em dia, é o tom distintivo dos juízes e arcebispos. É uma cor que sempre esteve relacionada à opulência e ao sucesso, portanto, "atravessar uma área violeta" significa estar passando por um ótimo momento.

> The national team have been **going through a purple patch** for a few years now and some experts are beginning to wonder how long it can go on for.

green with envy
morrer de inveja
estar verde de inveja

Dizem que, quando sentimos muita inveja, nosso corpo produz mais bile que o normal. Antigamente, acreditava-se que as pessoas invejosas produziam tamanha quantidade de bile que sua pele chegava a adquirir uma tonalidade esverdeada.

○ She's **green with envy** at her sister's piano skills. I don't want them to be competitive, so I have to find other ways to help her self-esteem.

have green fingers
have a green thumb
ter dedo verde
ter mão boa para plantas

Uma expressão curiosa e muito, muito habitual. Em inglês britânico, fala-se em dedos verdes (*green fingers*), enquanto em inglês norte-americano o que a pessoa tem é o polegar (*thumb*) verde. É uma imagem claríssima: toda planta que a pessoa toca cresce bem.

○ —What a lovely garden! Is it you or your husband who **has green fingers**?
—Both of us, actually. In fact, we met at a garden centre.

in black and white
preto no branco

Além de "em branco e preto", esta expressão também tem o sentido figurado de "preto no branco". Assim como em português, alude ao fato de ver algo por escrito, oficializado de algum modo, seja em um documento ou em um meio de comunicação. Enfim, ver para crer.

○ —Apparently, he's admitted taking millions of euros out of the country.
—Personally, I won't believe it until I see it **in black and white**.
—Then have a look at today's *El País*.

in the red
no vermelho / saldo negativo
in the black
no azul / saldo positivo

Com dinheiro na mão, tudo vai bem, mas haja ansiedade quando estamos com a conta no vermelho! Em inglês, as perdas são indicadas com essa mesma cor, ao passo que, para indicar o saldo positivo, recorre-se ao preto; daí dizermos que estamos *in the black* (literalmente, "no preto").

> —Hey, why are we **in the red** in this account? Did you buy something expensive without telling me?
> —Ah, you weren't supposed to find out; it's for your birthday next week.

red tape
burocracia
papelada

Outra expressão de origem muito antiga: no reinado de Carlos v no século xvii, aparentemente a fita vermelha era utilizada para diferenciar os expedientes administrativos importantes que deveriam ser discutidos no Conselho de Estado do resto dos documentos – costume copiado pela corte de Henrique viii –, e, desde então, a "fita vermelha" é associada à papelada e à burocracia. A expressão é usada normalmente de forma depreciativa, para indicar que a burocracia lentifica os processos e a capacidade de reação.

> Once again, the Government has promised to reduce **red tape** for people trying to set up their own business. Maybe we'll catch up with Finland, Singapore and Switzerland one day.

the grey vote
o eleitorado da terceira idade

As expressões em inglês são muito ilustrativas. "O voto cinza" ou "o voto grisalho" refere-se aos eleitores de idade mais avançada do país. Nas nações desenvolvidas, ocorre um envelhecimento progressivo da população, por isso o voto desse grupo é importantíssimo e tem sua própria denominação.

> —Your party has promised to increase pensions and reduce inheritance tax in an attempt to attract **the grey vote**; isn't that right?
> —Well, our policies form part of a large platform to improve the lives of people.

EAT MY WORDS

COMIDA

a couch potato
folgadão

Uma frase muito comum e usada em um monte de contextos. O *couch potato* por excelência (literalmente "batata de sofá") é Homer Simpson, alguém que não faz exercícios e passa a vida diante da televisão, normalmente comendo tranqueiras. É uma expressão muito anos 1980.

- —How can you spend all day doing nothing but watching videogames? You used to be so active, but you've turned into **a couch potato**!
  —I don't watch videogames; I *play* them.

a second bite at the cherry
uma segunda chance

Ao pé da letra, significa "uma segunda mordida na cereja", algo um pouco difícil, pois quase sempre a comemos de uma vez só. Mas, se tentar, talvez você consiga. Portanto, dê-se uma chance.

- —I see from your CV that you have worked for us before.
  —Yes, for three years, until two years ago.
  —So you want **a second bite at the cherry**, do you? How come?

a sweet tooth
louco por doces

É o que se diz das pessoas que adoram doces. Não é culpa nossa, é que temos um "dente doce" que exige com insistência sua dose diária de doçura...

- —Do you have **a sweet tooth**?
  —No, not really, but I do love chocolate, and ice cream, oh, and black forest cake of course.

bite off more than you can chew
dar um passo maior que a perna

Uma bela imagem em inglês. Já imaginou dar uma mordida tão grande e depois não conseguir mastigar porque não sobra espaço para mexer as mandíbulas? Pois "morder mais do que se pode mastigar" significa justamente isso: abarcar mais do que realmente se consegue carregar, não ter consciência das próprias limitações. É usada com todos os tempos verbais e pessoas do discurso.

○ —I get the impression that she regrets taking on the project.
—Yes, I thought at the time that she was **biting off more than she could chew**.
—But she can't really pull out now, can she?

bite someone's head off
comer o fígado de alguém

A expressão significa "arrancar a cabeça de alguém a dentadas". Um tanto selvagem, não? É usada quando alguém se irrita muito e lança um ataque desmesurado, repentino e, na maioria dos casos, injustificado.

○ —What the fuck do you mean you haven't got all the money today?
—Look, calm down! There's no need to **bite my head off**! I can get the rest next week.

butter someone up
adular
puxar o saco

Literalmente, é "untar com manteiga". Significa adular com a intenção, evidentemente, de conseguir algo em troca. Note que o *u* se repete em *butter/up*.

○ —You look great in those jeans, and the way you've brushed your hair really suits you.
—Why are you **buttering me up**? What is it that you want?
—Well... can I borrow your high heels for tonight? Just for tonight?

cheesed off
puto da vida

É uma expressão que se usava na Força Aérea britânica em referência à fuselagem dos aviões, que ficava esburacada feito queijo suíço. Acrescentando um *with* no final, podemos especificar o que nos deixa putos da vida. A expressão é cem por cento britânica.

○ —Why the long face?
—Oh, I'm just a bit **cheesed off** with something that happened at work today. The head of Accounts said some really stupid things about people.

chew the fat
bater papo

A origem da frase está entre os soldados britânicos enviados à Índia no século XIX. Para matar o tédio, eles mascavam gordura animal embrulhada em tiras de algodão, especialmente quando não havia tabaco. Por isso, também se pode dizer *chew the rag* (mastigar o pano).

○ —It's ages since we talked, Dave. We should get together next weekend and **chew the fat**. I'll open a couple of good bottles.
—Good idea! Your place or mine? I've got some stuff to tell you too.

eat my words
retirar o que se disse
retificar

A expressão em inglês é totalmente ilustrativa e muito divertida. "Comemos nossas palavras" quando damos bola fora, especialmente quando prognosticamos algo que acaba não se concretizando.

○ —Well, Dennis, you were saying before that it would be an easy match for England.
—Yes, and I have to **eat my words**. Macedonia played very well, England were poor, and the result reflects that.

food for thought
algo em que pensar

Quando nos dizem algo que nos deixa perplexos e sobre o qual não podemos opinar sem pensar no assunto, dizemos que nos deram, literalmente, "comida para o cérebro", ou algo em que pensar.

> —And that brings this presentation on likely demographic trends in Europe to 2055. Are there any questions?
> —No, I don't think so, Pilar, but you've certainly given us some **food for thought**.

have egg on your face
fazer papel ridículo
passar vergonha

Imagine que você está tomando café da manhã e suja o rosto sem perceber, aí vai trabalhar. Que ridículo, não? E por que ovo? Porque é o que se come de manhã em muitos países de língua inglesa, e é fácil sujar o rosto com ovo mole sem perceber. Esta expressão é usada em todos os países anglófonos, menos nos Estados Unidos.

> —A mate of mine was starting to give a PowerPoint presentation at work today and the wrong images came up on screen. They were quite –let's say quite erotic– images.
> —Oh my God!
> —She really had **egg on her face**.

have your cake and eat it too
não se pode ter tudo

É claro que não dá para guardar um bolo e ao mesmo tempo comê-lo: ou uma coisa ou outra. A expressão também pode ser usada em frases afirmativas para falar de gente que quer tudo, normalmente de maneira irônica ou pejorativa. A frase remonta ao século XVI.

> In their election campaigns they bitterly criticise the government, but then their Members of Parliament almost invariably vote with the Government. Are they just another political party that wants to **have its cake and eat it too**?

leave a bad taste in my mouth
deixar um gosto amargo na boca

Quando estamos diante de uma situação desagradável ou constrangedora, dizemos que a coisa deixa um gosto amargo na boca.

- The way we treated those people **left a bad taste in my mouth**. I wonder if it's too late to find them now and do something about it.

make a meal of something
fazer uma tempestade em um copo d'água
exagerar

Literalmente, significa "fazer uma refeição com alguma coisa", no sentido de exagerar um pequeno detalhe para tirar alguma vantagem. É usada em qualquer contexto: político, familiar, profissional... e, especialmente, esportivo. A repetição do *m* não é acidental.

- —And if you look at the replay, there certainly is some contact between Ramos and Robben, not enough to knock him off balance, but the Dutchman really **makes a meal of it**.
  —And the referee gives a penalty. It's incredible. He's done it again!

my bread and butter
meu sustento

Nos países de língua inglesa, nunca se come pão, sozinho; então, aquilo que para nós é ganhar "o pão" de cada dia, para os anglo-saxões é necessariamente o pão e a manteiga, porque sua alimentação básica a inclui aos montes. A expressão pode ser usada com todas as pessoas do discurso.

- We've all been impressed by the First Class accommodation on these new planes that Emirates and Qatar Airlines are flying, but the truth is that **the bread and butter** of the airline industry is still Economy Class passengers.

not to my taste
não é meu estilo
não é do meu gosto

Originalmente, a expressão se referia ao gosto gastronômico, mas, hoje em dia, mencionamos gostos em qualquer contexto para dizer elegantemente se algo é ou não do nosso agrado. É mais fácil dizer que uma coisa "não combina comigo", "não é do meu gosto" ou "não é meu estilo" do que dizer diretamente que é horrível.

- —Some friends and I are going to see *Star Trek XIV: the Movie* tonight. Do you want to come?
  —I don't think I will, thanks; Star Trek **isn't** really **to my taste**.

on the breadline
na miséria

São muitos os países que já passaram – ou estão passando – por épocas de racionamento e filas quilométricas para conseguir artigos de primeira necessidade. A isso se refere esta "fila do pão", que indica que a pessoa ou a família vive na miséria.

- There are now millions of people **on the breadline** in this country, but that seems to be the sacrifice we must all pay so that a few can enjoy being richer than ever.

spoonfeed someone
dar tudo mastigado

A expressão refere-se às crianças pequenas e ao modo como as "alimentamos com a colher" (*spoonfeed*), amassando muito bem a comida para que não tenham que fazer esforço. Costuma ter valoração negativa, assim como a expressão "dar tudo mastigado" em português, porque ressalta que a pessoa não faz nada.

- —I heard you were having some problems with your new class.
  —Yes, it seems their previous teacher **spoonfed** them everything, and they aren't used to having to do any work or any thinking for themselves.
  —Well that needs to change right away!

COMIDA

stiff cheese
azar

Variante australiana de *hard cheese* e *tough cheese*. As três significam "azar" e também refletem pouca empatia (ou um tiquinho de má intenção). A ideia é que os queijos duros ou firmes (*stiff*) e envelhecidos não são bons, e azar de quem tiver de comer um deles. É uma expressão muito britânica que não poderia ser traduzida literalmente para o português, porque nós adoramos queijos duros e curados.

- —I'm probably going to have to repeat this year's courses; I've failed most of my exams... Hey, aren't you going to say anything?
—**Stiff cheese**. I don't remember *you* being very sympathetic when *I* had to repeat a whole course.

stuff (one's) face
encher o rabo de comida
pig out
comer como um boi

Duas frases muito, mas muito informais. *Stuff one's face* é bem ilustrativa, pois evoca o significado literal de afundar a cara (na comida). A segunda é um pouco mais vulgar, e seu equivalente em português usa o boi, em vez do porco, para indicar que comemos demais.

- —Was it a nice wedding on Saturday?
—Yeah, we really **stuffed our faces**. Great.
—Well, really I was asking you about the wedding; you know, was it a nice ceremony? Did anyone cry?

the icing on the cake
a cereja do bolo

O que faltava, o cúmulo, o último detalhe, seja bom ou ruim. *Icing* é a cobertura do bolo, que normalmente é feita à base de açúcar, manteiga, creme de leite, chocolate ou ovo e, assim como a cereja, é a última coisa que se põe em um bolo antes de servi-lo.

> It was such an achievement for her to get selected for the Olympic team, and when she won the bronze medal for the 400-metres freestyle, ...well, that was just **the icing on the cake**.

what's eating you?
que bicho mordeu você?
qual é o problema?

Literalmente "o que está comendo você?". Usamos esta expressão quando vemos alguém agitado ou inquieto e sabemos que ele está preocupado com alguma coisa.

> —I really should be going.
> —Hey, **what's eating you**? You've only just arrived. You haven't even sat down!

your eyes are bigger than your stomach
ter o olho maior que a barriga

A típica expressão que usamos quando tudo nos parece tão delicioso que enchemos o prato muito mais do que seria recomendável. Acontece com os gulosos, especialmente com as crianças. Por isso, os pais a usam sempre em tom de censura. Funciona com qualquer pessoa gramatical.

> —Can't you finish that or don't you like it?
> —It's delicious, but I think **my eyes are bigger than my stomach** today. And I hate to see food go to waste.
> —You could always ask for a doggy bag.

you can't make an omelette without breaking eggs
não se faz um omelete sem quebrar os ovos

Adoraríamos que tudo na vida fosse fácil, mas às vezes temos de fazer coisas dolorosas ou difíceis para seguir em frente. É a isso que esta frase se refere.

> The office is going to have to move to a cheaper location, and we know that means we'll lose some of our local customers, which is sad, but **you can't make an omelette without breaking eggs**.

LOUD AND CLEAR

COMUNICAÇÃO

a slip of the tongue
um lapso

Xi, escapou! É o que significa esta frase, "um deslize da língua", algo que não queríamos dizer, mas que, de repente, nos sai da boca por conta própria.

- —When we were making love last night you called me *Sofia*. Who is this Sofia?
  —Did I? It was just **a slip of the tongue**, darling.
  —And?

can't get a word in edgeways / edgewise
não conseguir abrir a boca

Na Grã-Bretanha se usa *edgeways* e, nos Estados Unidos, *edgewise*. As duas significam "de lado", e a frase informa que o interlocutor falava tanto que você não conseguia abrir a boca.

- —How was your date last night?
  —First impressions: she's pleasant enough, reasonably attractive, but my god, can she talk! **I couldn't get a word in edgeways**!
  —So you won't be seeing her again?

can't get through to someone
não conseguir falar com alguém

Como muitas outras frases, esta pode ser usada literalmente, quando não se consegue falar com alguém por telefone (por exemplo), mas também em um sentido mais metafórico, quando parece que nossas palavras não chegam à pessoa com quem falamos, quando não nos conectamos ou perdemos a conexão com ela.

- —Since she met those people and started hanging out with them, I can't seem **to get through to her** anymore.
  —But you have to; she's your sister.

for want of a better word
na falta de uma palavra melhor

Expressão muito prática quando estamos prestes a dizer uma palavra ofensiva porque não encontramos outra melhor. Antes de dizê-la e ofender alguém, soltamos esta frase para que fique claro que nossa intenção não é dizer a palavra (ou é, mas ninguém precisa saber), porém não encontramos outra melhor no momento. Assim, ficamos bem na fita e largamos a bomba do mesmo jeito.

- Your way of dealing with the situation was —**for want of a better word**— rather childish.

get the message
entender

Entendido. Podemos usar esta frase em qualquer tempo verbal, com qualquer pessoa e em qualquer contexto.

- —It's important that the public **gets the message** that tap water is safe to drink, safer in fact than most bottled water.
  —Yes, but fashion is going the other way.
  —Well that's why we've brought *you* in!

I heard (it) on / through the grapevine (that)
um passarinho me contou

Esta frase, que dá título a uma famosa canção de Marvin Gaye, surgiu após a invenção do telégrafo e compara os cabos à parreira, fazendo uma clara alusão a um telégrafo alternativo: os rumores transmitidos pela população rural nos campos.

- —**I heard on the grapevine** that you might be looking for another job.
  —Who told you that?
  —Never mind; are you?
  —Well, if the right offer came along, I might.

I know what you're on about
eu sei aonde você quer chegar

Expressão um tanto negativa que usamos ao perceber que nosso interlocutor está fazendo uma crítica não construtiva ou quer dizer mais do que dá a entender. Também podemos usá-la de forma negativa ou interrogativa. A ênfase recai sobre *know* e *on*.

COMUNICAÇÃO

> —And I tell you that wasn't the first time I had seen him being aggressive.
> —Hmm... **I know what you're on about**, but we have to look at this conduct as part of his dementia.

in your own words
com suas próprias palavras

Quantas vezes nossos professores nos disseram: "agora, explique com suas próprias palavras"? Pois em inglês se usa a mesma expressão para pedir que elaboremos um assunto sob nossa perspectiva, com nosso conhecimento de causa.

> And now, Ms Gardiner, **in your own words**, please tell the court exactly what you saw when you entered the gallery. Take your time.

loud and clear
alto e claro

Similar nas duas línguas, a frase é usada tanto em sentido literal, para confirmar que ouvimos bem, quanto para deixar claro que entendemos perfeitamente o que estão nos dizendo.

> —Hello, this is Shirley, calling from Brisbane, Australia. Can you hear me?
> —**Loud and clear**. And by the way, Shirl, there's really no need to shout.

lost for words
at a loss for words
ficar sem palavras
words fail me
as palavras me fogem
não tenho palavras

Com algumas pessoas, isso jamais acontece, mas, em geral, todo mundo já ficou sem saber o que dizer em algum momento da vida. As duas primeiras são mais coloquiais que a terceira, mais elegante e formal e com mais peso moral. As três podem ser usadas em sentido tanto positivo quanto negativo.

> —My daughter told me last night that she's getting married.
> —Oh congratulations!
> —No! She's only known the boy for a month! **I was lost for words**.
> —Well, you would be, wouldn't you?

make light of something
não levar tão a sério

Outra dessas frases que podem ser usadas com uma conotação positiva ou negativa, caso queiramos descontrair uma situação (frase afirmativa) ou mencionar um assunto que realmente é sério (frase negativa).

- —There have been a couple of comments on the way you talk to the admin staff.
  —Oh, it's nothing.
  —I don't think you should **make light of this**. The company is taking it seriously.

no laughing matter
não ter graça nenhuma

É uma forma bastante contundente de chamar a atenção de alguém que leva um assunto na brincadeira. Não admite réplica, é uma dessas frases que, quando ditas, nos deixam paralisados.

- You may think that the dramatic reduction in bee numbers isn't important, apart from people having to pay a bit more for honey, but without bees, most plants cannot pollinate. Do you understand what that means? It's **no laughing matter**.

small talk
papo furado

Podemos dizer que a expressão se refere a "falar de assuntos pequenos", como a típica conversa com o vizinho no elevador sobre o calor fora de época ou o comentário sobre o prato que comemos em um jantar no qual não conhecíamos ninguém. Também pode se referir a essa parte descontraída do papo que usamos para quebrar o gelo antes de qualquer conversa profissional. A propósito, as palavras rimam.

- I feel fine when I talk about our products with potential clients in English, but it's the **small talk** –the socializing, the cocktail parties, the meals... that terrifies me.

NOT TOO KEEN

ANIMADO OU NÃO

animado

champing at the bit
não ver a hora
estar ansioso

Outra expressão muito ilustrativa, se imaginarmos um cavalo "mordendo o freio" antes de uma corrida. É usada quando esperamos com impaciência algo que demora para acontecer.

O —Well, José are you looking forward to starting the new season?
—Of course. And now that we've signed three top-class players from the recent World Cup, we're **champing at the bit**.

hit the ground running
imediatamente
rapidinho
sem demora

Quando os soldados pulam do helicóptero ou desembarcam em algum lugar, saem correndo e atirando ao mesmo tempo. Assim, esta expressão de origem militar indica que não há tempo para adaptação, que é preciso começar imediatamente. É uma frase bastante recente, dos anos 1990.

O When we get to the conference on Monday morning we've got **to hit the ground running**. I want to see results by lunchtime; that's lunchtime *Monday*. Does anyone not understand?

sem vontade

can't handle
can't hack
não suportar

As duas são expressões de repúdio informais, mas não vulgares. Não é um repúdio pontual, e sim algo que já não aguentamos mais.

- —I hear you're leaving your job; why?
  —To tell you the truth, I just **can't handle** the stress any more.
  —I thought it was your boss who you **couldn't hack**.

not too keen
none too keen
não me convence
não vejo muita graça

A primeira versão é a mais comum e coloquial das duas, enquanto a segunda é muito formal. Seja como for, ambas querem dizer a mesma coisa: "não vejo muita graça". Quando queremos explicar o que é que não nos convence, depois de *keen* acrescentamos a preposição *on*.

- —So, the proposal is to launch this product in Portugal and Spain in July.
  —Frankly, I'm **not too keen** on that; it's the wrong time of year.

through clenched teeth
a contragosto

Quando fazemos algo "apertando os dentes" é porque o fazemos contra nossa vontade e, especialmente, de muito mau humor.

- —You don't go to visit your father often, do you?
  —No, I don't. And when I do go, his wife receives me **with clenched teeth**. It's all "How long are you staying?" and "How are you getting to the airport?".

DRIVING ME MAD

NA ESTRADA

onde estamos

at a crossroads
em uma encruzilhada

A expressão em inglês é idêntica à frase em português e significa a mesma coisa: ver-se diante de mais de uma opção e ter de escolher uma delas. Também é onde se diz que as pessoas vendiam a alma ao diabo para conseguir o que queriam.

- Ladies and gentlemen, we are **at a crossroads** in our nation's history. This referendum is not about how we feel now; it is about how we shape the future.

at a dead end
em um beco sem saída

Embora também seja usada em sentido literal, a expressão tem um uso mais difundido como metáfora. Esse sentido metafórico refere-se a um ponto a partir do qual não se pode voltar nem seguir em frente. A banda The Kinks a utilizou como título de uma de suas canções de crítica social: "Dead End Street".

- After a year of research, they realised that the project was **at a dead end**. There was no measurable impact on the enzymes.

going round in circles
andar em círculos
correr atrás do rabo

Esta expressão significa que não avançamos, que, por mais que façamos e nos esforcemos, sempre voltamos ao ponto inicial.

- Can you help me with something? **I'm going round in circles** trying to organise the seating for the wedding.

in a jam
atolado
superatarefado

O verbo *jam* significa "amontoar", "enfiar uma grande quantidade de coisas em um espaço finito". Portanto, quando temos muitas coisas para fazer e vemos claramente que não vamos conseguir terminar, dizemos que estamos *in* a jam, ou seja, atolados.

- —You called?
  —Yes, Silvia. Look, we're **in a jam**. We won't have those programs ready for you until the end of the week. Really sorry.

middle-of-the-road
normal
padrão
feijão com arroz

Esta expressão, literalmente "no meio da estrada", é usada como adjetivo e refere-se a algo que não se destaca particularmente por nada. É muito usada com produtos comerciais.

- Our instructions are that we should have music on in the restaurant, but it needs to be **middle-of-the-road**, like Elton John or Simply Red.

na estrada

get (someone) back on track
devolver ao bom caminho
recuperar(-se)

Quando estamos *on track*, significa que estamos no bom caminho. Assim, *get someone back on track* indica "pôr alguém de volta no bom caminho", ajudá-lo a se recuperar em qualquer aspecto da vida. E, se tirarmos o *someone*, quem volta ao bom caminho somos nós mesmos.

NA ESTRADA

> O The death of her father affected her enormously, and she was emotionally and mentally unstable for over a year, but a child psychologist **got her back on track**.

hit the road
ir embora

Faz referência à necessidade dos cavalos de bater os cascos no chão e, portanto, é bastante informal. É usada para "ir embora" em qualquer contexto, não precisa ser de carroça nem a cavalo.

> O —What time is it?
> —Quarter to.
> —Right, I'd better **hit the road**.
> —Okay, see you tomorrow.

in the fast lane
acelerado

Fast lane é a pista expressa de uma estrada, mas também se refere ao ritmo de vida acelerado e típico dos executivos agressivos, o subir na carreira sem olhar para trás, trabalhar demais e ganhar muito dinheiro. É uma expressão que evoca um pouco os anos 1980, mas descreve todos os negócios que parecem crescer da noite para o dia.

> O Do you find life **in the fast lane** tiring? If you need to chill out for a weekend in a spa, where time stands still while we soothe your body, just call us on 0141-997 457.

on the road to recovery / success / disaster...
a caminho da recuperação/ do sucesso/do fracasso

Ainda não chegamos aonde prevíamos chegar, mas estamos no bom caminho. É o que quer dizer esta expressão. Costuma ser acompanhada de um substantivo abstrato, porque é usada em sentido figurado, e não literal.

> O Economists are now saying that the country is **on the road to** recovery, but at what cost? Tonight's programme looks at just how.

one for the road
a saideira

O último drinque, aquele que se bebe pouco antes de ir embora e que muitas vezes se transforma no penúltimo, ou antepenúltimo... A tradução literal é totalmente inaceitável hoje em dia: um último drinque "para viagem".

- —We really must be off now. We've only got the babysitter until 12.
  —**One for the road**?
  —I'd better not, unless you've got a malt whisky.
  —Let me see what I can find.

right up someone's street / alley
isso é para mim/você

É o que dizemos a alguém quando vemos que algo faz parte de seus interesses ou capacidades, ou seja, quando vemos que a pessoa vai gostar ou poder aproveitá-lo ao máximo. Pode ser usada com coisas ou pessoas.

- If you like science fiction, this new trilogy in the Isaac Asimov tradition is right **up your street**.

obstáculos

a backseat driver
passageiro que fica dando palpite

Todos temos um amigo que faz isso; o típico copiloto que vai dizendo ao motorista o que deve ou não fazer, só para irritá-lo.

- —You're driving too fast.
  —Oh god, you're not another **back-seat driver**, are you?
  —Of course not! And watch out for that bus!

a Sunday driver
motorista domingueiro

É um conceito similar ao de "motorista domingueiro" em português, aplicado somente ao jeito de dirigir. Refere-se ao motorista que não pega muito o carro e, quando o faz, irrita os que dirigem diariamente.

- —Oh no, that's all we need, **a Sunday driver** in front of us on a narrow country road!
  —Take it easy, Dad; are we in such a rush?

drive someone mad / nuts
drive someone round the bend
enlouquecer
tirar do sério

Três versões da mesma expressão. A segunda, parece que se usava entre marinheiros. As três podem ser usadas com outros pronomes e em outros tempos verbais.

- We've got some really noisy neighbours, don't know what country they're from, but they play concert-volume salsa music all day Sunday, and **it's driving us round the bend**.

put a brake on something
pisar no freio
parar
dar um tempo

Quando não temos as coisas claras na cabeça, normalmente sobre algum projeto profissional, decidimos colocar o pé no freio; não necessariamente descartar o assunto, só dar um tempo para estudá-lo melhor ou para tomar outras decisões.

- —I know we've talked about you doing a university year in another country, but we might have **to put a brake on that** now that your mum hasn't got a job.
  —But I was so looking forward to it!

steer clear of someone
evitar alguém

A palavra *steer* significa "virar o volante", de modo que a expressão significa literalmente "manobrar para evitar alguém", ou melhor, para evitar bater de frente com alguém, pois sabemos que o contato vai nos fazer ver estrelas.

- —Is Victoria here today? I need to ask her something.
  —Yes, but if I were you I'd **steer clear of** her. She's in an awful mood. Leave it until tomorrow at least.

AND THE UPSHOT WAS?

CONSEQUÊNCIAS

consequências

(live to) rue the day (that)
lamentar o dia (em que) arrepender-se de

Frase bem parecida com sua versão em português. O verbo *rue* é anglo-saxão, ainda usado em algumas expressões e em um contexto muito culto. Significa "lamentar".

- He has had a tough time since he joined the club, and I'm sure he **rues the day that** he agreed to leave Bilbao and sign for City.

on the back of (something)
como consequência de

Esta expressão é bastante moderna, mas se usa muito nos meios de comunicação para falar de política, economia e esportes. É provável que logo se difunda e seu uso se torne comum.

- —Rafa, **on the back of** your triumph in the Roland Garros, people are saying you're the favourite for Wimbledon.
  —I wouldn't say I'm the favourite; the tournaments are quite different.

you reap what you sow
você colhe o que planta

Idêntica nas duas línguas, certamente porque sua origem é bíblica. Semelhante a "não faça aos outros o que não quer que lhe façam", que nossos pais e professores repetiam sem parar quando éramos pequenos.

○ —He and his wife tried to evade taxes by taking bags of money to Andorra every month, but they got caught, and now his reputation is in ruins.
—Fine, **you reap what you sow,** don't you?

a crua realidade

in the cold light of day
ponderar com tranquilidade

É uma expressão totalmente ilustrativa: quando ponderamos tudo com a mente lúcida, depois de refletir bem, as coisas não são mais como pareciam.

○ **In the cold light of day**, she realised that she had put all her money in the hands of a man she hardly knew.

the morning after
o dia seguinte

O dia seguinte a qualquer acontecimento que esperávamos com ansiedade é o dia em que tudo volta ao normal ou o dia em que vemos tudo com clareza depois de uma boa reflexão. Normalmente se contrapõe à loucura do "dia D" e, segundo dizem, é muito mais importante, especialmente na política.

○ So, here we are, **the morning after** the General Election, and as usual, all the political parties are saying how happy they are with the results.

conclusões

and the upshot was?
e o que deu?
qual foi o resultado?

Não o resultado numérico, e sim a consequência, a conclusão, que é o sentido de *upshot*. Nunca se usa para resultados esportivos. A expressão não é informal, mas é bastante direta.

- —We had a major meeting today to discuss our marketing plan for next year.
  —Oh yes, **and the upshot was**?
  —Same as this year, but with less money.

it's (all) done and dusted
é tarde demais

Literalmente, está tudo "feito e desempoeirado", de modo que já não há nada a fazer. Portanto, é tarde demais para dar opinião ou fazer qualquer outra coisa.

- —Sorry I'm late; have I missed the vote?
  —Yes, you have. **It's all done and dusted**. Your department is going to fund the whole project.

when the dust has settled
afinal de contas
no fim das contas

Frase similar a *at the end of the day* ou *when all's said and done*, que apresentam uma conclusão e são muito usadas em contextos mais ou menos coloquiais. Todas incluem uma última nuancezinha, como se indicassem que, apesar de tudo, o importante mesmo é aquilo que se menciona.

- —**When the dust has settled**, who's more important than your family, eh?
  —Well, do you mean the family you were born into or the family that you made? It's the second one that defines what you are, doesn't it?

A SACRED COW

CRITICAR E ELOGIAR

criticar

a monday morning quarterback
aquele que critica ou dá opinião depois que o mal já está feito

Com esta expressão nos referimos àquela pessoa que sempre critica e diz como teria feito as coisas quando já é tarde demais; uma prática bastante comum, para não dizer que é o esporte nacional... E falando em esporte, *quarterback* é o nome de uma posição no futebol americano – a expressão é exclusiva dos Estados Unidos.

- —Our presentation was all wrong. We focused only on digital marketing; we didn't say anything about other media. That's why we didn't get the contract.
  —You could've said that before.
  —What? Are you calling me **a Monday morning quarterback**?

armchair critic
criticar de fora

Um clássico: enquanto assistimos a um debate político, a uma partida ou entrevista no conforto do sofá ou numa cadeira de bar, somos todos especialistas em tudo e criticamos sem nenhum pudor.

- What we have become is a nation of **armchair critics**; fewer and fewer of us are willing to get down there and try to do something.

damned if you do and damned if you don't
se correr o bicho pega, se ficar o bicho come

Uma expressão um tanto vulgar que indica que não há solução: faça o que fizer, você está ferrado.

○ —So, are you going to report this case of corruption by one of your subordinates?
—Well the way I see it is **I'm damned if I do, and damned if I don't**.

is nothing sacred?
não se respeita mais nada

Expressão melodramática que usamos quando alguém discute ou questiona algo que nos parece totalmente inquestionável. Costuma ser usada ironicamente.

○ And now you have people saying openly that the country should become a republic! A republic! **Is nothing sacred**?

lay into someone
stick the boot in
turn the screw
chegar às vias de fato

Estas três expressões indicam uma briga física ou verbal com alguém. A segunda evoca um pontapé e a terceira menciona o que se fazia com o ecúleo, um instrumento medieval de tortura.

○ When the team were eliminated from the World Cup, the media really **laid into** the manager, as if he were to blame for everything. He didn't complain publicly that they were **sticking the boot in**, but you knew that he felt they were really **turning the screw**.

push someone under the bus
pôr a culpa em alguém
jogar na fogueira

Quando você "joga alguém debaixo do ônibus" (ou na fogueira), fica claro que não tem muito carinho por essa pessoa. A expressão é normalmente usada para jogar a culpa em outra pessoa. É norte-americana e muito coloquial.

○ —Hey, I'm sorry I **pushed you under the bus** like that; I thought it was all your fault.
—Just check next time, right?

take (the / a lot of) flak
receber muitas críticas

Flak é um termo militar que significa "artilharia antiaérea"; portanto, é uma expressão relativamente recente que vem da Segunda Guerra Mundial. O fogo antiaéreo é, de fato, bem potente, e o alvo recebe disparos de todos os lados.

○ When she first came to the company, she **took a lot of flak** for her unorthodox methods, but you have to admit the place works a lot better than it used to, and communication and consultation are both first-rate.

ofender

a face for radio
horrível
feio demais

Literalmente, a frase significa "um rosto para o rádio", o que indica, de maneira elegante, que a pessoa é feia demais para ser vista em público.

○ —How was your blind date last night?
—Not very communicative, not very punctual, and she had **a face for radio**.

bed hair
descabelado

Pode parecer mentira, mas há produtos profissionais para os cabelos que levam este nome: "cabelo de cama", ou seja, o "despenteado" com que nos levantamos da cama. Outras expressões com o mesmo sentido são *hat hair* e *helmet hair* ("cabelo de chapéu" e "cabelo de capacete", respectivamente).

○ —Oh, sorry, I keep forgetting you're 10 hours behind us. You look terrible. Did I wake you up?
—Yes. And it's just **bed hair**. It's 6am here.

bingo wings
velhas

Literalmente, "asas de bingo". É uma expressão que se refere à flacidez dos braços das mulheres idosas, que levantam a mão para gritar bingo e botam as pelancas para balançar. Em português, não há uma expressão que relacione essa parte anatômica com a idade, mas não é por isso que deixamos de nos preocupar com a velhice.

○ —You didn't stay long at the disco last night. How come?
—It was all **bingo wings**. I'm not that old yet.

budgie smugglers
homem que usa sunga

Existem dois tipos de homens: os que usam calção de banho, compridos e largos, e os que usam sunga, curtinhas e justas. Nos Estados Unidos, estes últimos recebem o nome de uma marca comercial, mas, na Austrália, preferem lhes dar um toque mais humorístico e os chamam, literalmente, de "contrabandistas de periquitos". Você pode imaginar por quê.

○ No way am I going to the beach with you if you're planning to wear those **budgie smugglers**! Haven't you got any bermudas?

camel toe
capô de fusca

Jeans muito justos, *leggings* ou calças de lycra... Às vezes, as mulheres não percebem que as partes baixas ficam bem marcadas nas roupas. A expressão em inglês significa "pata de camelo", e, se você não sabia que formato tinha a pata desses simpáticos animais, agora já sabe.

○ —Which of these photos do you think I should use for my Facebook profile? This one maybe?
—Your face looks good on it, but have you noticed, down here, the **camel toe**?
—Oh my god! No I hadn't.

chav
malaco

Adolescente de classe baixa que usa roupas de marca e tem baixo nível cultural. Termo britânico e controverso, pois no Reino Unido são todos muito politicamente corretos. É a galera do rolezinho.

○ There was a storm of protest when a leading politician described the place that he was in as **chav**-land on his Twitter account.

clingy
grudento

Há um tipo de pessoa que não nos deixa nem respirar, que liga, escreve, pede conselho a toda hora... São pessoas que parecem sugar nossa energia porque precisam constantemente de alguém por perto. Esse tipo de gente é o que, em inglês, se conhece como *clingy* (literalmente, "grudento"), uma expressão bastante pejorativa. Também existe a variante *needy cling-on*, apesar de *clingy* vir ganhando terreno tanto na Grã-Bretanha quanto nos Estados Unidos.

○ —You can call me tomorrow if you like.
—Actually I was going to call you ten minutes from now.
—I hope you're not turning into a **clingy**!

cougar
mulher que sai com homens mais jovens

Em inglês, o termo não tem conotação positiva nem negativa; simplesmente se refere a uma mulher na casa dos trinta ou quarenta anos que sai com homens bem mais jovens.

○ —What kind of bar is this?
—It's a place where you can see a lot of **cougars** in action.

camper than a row of tents
afetado
afeminado

Camper significa "campista", mas também se refere à afetação de um homem afeminado. Portanto, o jogo de palavras "mais campista que uma fileira de barracas" significa excesso de afetação, dando a entender que a pessoa é homossexual.

> —Have you met the new guy in the design department? **Camper than a row of tents**.
> —Oh, he'll be very happy there, won't he?

muffin top
pneuzinhos na cintura

Quando vem chegando o verão, todos nos preocupamos com aquela gordurinha em volta da cintura que se destaca quando usamos calças mais justas. Enfim, os eternos pneuzinhos. Em inglês, o nome disso é "cobertura de muffin", porque essa é a parte do bolinho que transborda e se esparrama. Ilustrativo, não?

> —Are those your little sister's trousers or yours from ten years ago?
> —Are you calling me a **muffin top**?
> —No, no, not me; I'd never insult a friend.

elogiar

a sacred cow
vaca sagrada

Expressão idêntica nos dois idiomas. Vacas sagradas são pessoas, instituições ou valores que não podem ser questionados nem criticados. É uma referência ao hinduísmo, que venera as vacas. Consegue pensar em alguns exemplos?

> The first thing the new coach did was to sell two of the team's **sacred cows** because of the bad example they were setting to some of the younger players.

have nothing but praise for someone
só ter coisa boa a dizer de alguém

Uma frase bastante formal e elegante que usaríamos em um discurso para elogiar alguém. Idêntica nos dois idiomas.

O We, the United Nations, **have nothing but praise for** those people who have risked their lives to bring peace to this troubled part of the world.

praise someone to high heaven
pôr alguém nas nuvens

Idêntica à expressão em português, só um pouco mais ilustrativa. Significa elogiar alguém até não mais poder. Em inglês, tem um certo quê de exagero.

O The managing director **praised her to high heaven** for bringing in more clients when the economy was in recession.

put someone on a pedestal
colocar alguém em um pedestal

Mais uma frase idêntica nos dois idiomas. Quando colocamos alguém em um pedestal, exageramos suas virtudes e fechamos os olhos para seus defeitos. Se bem que a pessoa não costuma se aguentar muito ali em cima.

O —I know you're in love with him, but don't you think that you're sort of **putting him on a pedestal**?
—Of course not! Why do you say that?

sing someone's praises
speak highly of someone
cobrir de elogios
think highly of someone
ter alguém em alta estima

Usamos estas expressões para elogiar alguém e quando estamos prestes a dizer tudo que nos parece incrível a respeito dessa pessoa. A primeira expressão (*sing someone's praises*) faz lembrar as igrejas norte-americanas, nas quais os fiéis cantam louvores a Deus. As outras duas são mais terrenas e têm um sentido mais literal.

O —Well, it seems that Teresa in our Faculty of Education **thinks very highly of you**.
—What can I say? I'm very flattered.

(that is) high praise, indeed!
é um tremendo elogio

Dependendo de quem faz o elogio, nós o levamos mais ou menos a sério. Geralmente, os da mamãe têm menos peso que os do chefe. Às vezes se acrescenta *coming from you*, antes da expressão, ou seja: "vindo de você, é um tremendo elogio".

- —It was the best piece of theatre I've seen in five years.
  —Well, well, coming from you, **that's high praise indeed**!

throw enough dirt and some (of it) will stick
de tanto falar, as pessoas acabam acreditando

Quando criticamos muito, mesmo mentindo, as pessoas acabam acreditando no que dizemos. Uma frase bem atual, pois muitos jornalistas ganham a vida fazendo isso.

- Some newspapers have decided that the government's weak point is Public Works and they're now attacking the Minister's record in the belief that if you **throw enough dirt, some of it will stick**.

worth one's salt
fazer jus ao salário

Não existe consenso, mas, segundo Plínio, o Velho, os legionários romanos recebiam pagamento em sal (daí o nome "salário"), que era muito valioso, por ser a única maneira de conservar a comida e, além do mais, servia como moeda de troca. Portanto, alguém que "vale seu sal" é alguém que faz jus ao salário que ganha, que o merece. Também pode ser usada em frases negativas.

- You're **worth your salt** to this organization, so we'd like to offer you an improved salary.
  No lawyer **worth his salt** would consider this contract valid.

worth one's weight in gold
valer seu peso em ouro

Iguaizinhas nas duas línguas. É uma frase um tanto antiga e formal, assim como em português, implicando que alguém vale um império.

- Her charisma and clarity when speaking in public makes her **worth her weight in gold** to the company's public relations department.

brigar

get it in the neck (from someone)
comer o rabo
dar a maior bronca

A bronca é tão grande que se compara a uma decapitação, fazendo referência ao "pescoço". Tem uma leve nuance de bronca merecida, mas pode acontecer do mesmo jeito sem que tenhamos feito nada para merecê-la.

- —I really must be going now. I'll **get it in the neck** from my wife if I arrive late.
  —Oh, but you've only just arrived!

give someone a mouthful
falar poucas e boas

A *mouthful* é a quantidade de comida ou de líquido que cabe na boca (ou seja, um bocado ou um gole, respectivamente). Também pode se referir a uma palavra ou frase muito longa ou complicada de pronunciar, como quando estamos com a boca cheia. E quando "damos um bocado a alguém", o que temos na boca são palavras ofensivas, impropérios e muita raiva.

- —She really **gave** the boss **a mouthful**! She must have been really angry but I still don't know how she got away with it without being sacked.
  —Maybe he's afraid of her.

IN HIGH SPIRITS

GRADAÇÕES DE ALEGRIA

bom, bom

take kindly to someone / somebody
aceitar prontamente

Esta é uma expressão muito formal que indica que alguém nos faz o favor de aceitar o que propomos. Indica que não esperávamos isso, que é uma surpresa agradável.

- The other girls in the dance group **took kindly to me** even though I was a lot younger than them and a lot less self-confident.

without a care in the world
sem a menor preocupação
com a maior tranquilidade

Existe gente assim, "sem preocupações no mundo", aquela pessoa que sempre está de bom humor, a quem nada parece afetar, coisa que nos provoca muita inveja. A expressão pode ser usada com conotação negativa se julgarmos frívola demais a atitude da pessoa.

- —When tourists come to these islands, they often say that we walk around **without a care in the world**. Life here goes on at its own gentle pace and we always have time to talk to each other.
  —That's because they live off tourism.

o quê?!

I didn't know what had hit me
nem sei direito o que aconteceu

É quando acontece algo inesperado, impactante, como quando levamos uma pancada (*hit*) de surpresa. Costuma implicar aturdimento. É usada para coisas boas, mas também serve para contextos negativos ou até mesmo como ameaça.

○ When these three young graduates joined the marketing and PR team, **the company didn't know what had hit them**. The effect was electric.

jumping for joy
pular de alegria

Idêntica à expressão em português. Já reparou que, quando recebemos uma ótima notícia e ficamos muito alegres, é impossível ficarmos quietos e não sentirmos vontade de pular? Daí vem a expressão.

○ When the news reached them that their wine had been judged *Best Chardonnay of the Year*, the people in this family-run winery were **jumping for joy**.

take someone's breath away
deixar sem fôlego

Outra expressão relacionada a um fenômeno físico: quando algo nos surpreende ou nos impressiona muito, temos a sensação de que não conseguimos respirar. Por isso é típica de canções e filmes românticos, como o tema principal de *Top Gun*. (Se começou a cantarolar, você é filho legítimo dos anos 1980!)

○ —Why are you looking at me like that?
 —It's just that you **take my breath away**. I could look into your face for hours and read my future there.

euforia

(feel) on top of the world
estar nas nuvens/no céu

Similar a *on cloud nine*, quando nos sentimos "no topo do mundo" é porque estamos eufóricos, maravilhados. Pode ser por alguma conquista pessoal ou pelo estado de bem-estar.

- —You're looking a lot better than the last time I saw you.
  —And I'm feeling **on top of the world**. Things are finally starting to go right for me.

in high spirits
muito animado

Apesar dos "ânimos elevados", não é o caso de nos encontrarmos em estado de glória, e sim de bom humor. Provavelmente é uma alegria compartilhada por várias pessoas e tem certa conotação de otimismo, de que tudo vai dar certo. Normalmente é aplicada a ambientes festivos, depois de uma ou outra dose de álcool.

- It's the weekend after exams have finished, so the centre of Salamanca will be full of students **in high spirits**, but don't worry, it's quite safe to go out.

on cloud nine
no sétimo céu, em estado de glória

O céu deve ser um lugar incrível, pois os dois idiomas aludem ao firmamento para dizer que não poderíamos estar melhor. A expressão data dos anos 1940 e levou três décadas para pegar. Não há dúvida de que a música teve muito a ver com isso (The Temptations e George Harrison deram a uma de suas canções – e álbuns – o título *Cloud nine*, em 1969 e 1987, respectivamente).

- —So Alberto, how does it feel to have won the Tour de France after such a thrilling finish?
  —**I'm on cloud nine**; there's no other way to say it.

NOT IN THE MOOD

DE MAU HUMOR

(have) a bad hair day
levantar com o pé esquerdo

Frase corriqueira na cultura pop que pode ser usada até mesmo literalmente, caso a pessoa tenha acordado com o cabelo rebelde e indomável. Em sentido figurado, simplesmente descreve um dia em que tudo dá errado, desde as coisas mais insignificantes até as mais transcendentais.

O —I wonder if you could just...
—What is it!
—Calm down!
—Oh, sorry, really sorry; I'm just **having a bad hair day**. You were saying?

go bonkers
subir pelas paredes

Usa-se quando a pessoa está irada de verdade. É uma expressão britânica muito coloquial que nasceu há mais de um século, na Marinha, com o sentido de "beber demais". No entanto, durante a segunda metade do século XX, adquiriu o sentido atual de ficar fulo. Talvez de tanto bater a cabeça (*bonk*)...

O —Dani, why aren't you here?
—But we're not supposed to be there until 12.
—Didn't you get the WhatsApp message last night about the time change? Jonathan's covering for you, but you need to get here ASAP because he's **going bonkers**.

if looks could kill
se o olhar matasse...

Expressão idêntica nos dois idiomas em relação ao uso, ao sentido e à forma. Já notou que a frase fica por terminar? Se bem que fica bastante claro como acabaria...

○ —We walked into the party and the first thing we saw was the hostess wearing *exactly* the same dress as my girlfriend. Of course they both laughed, but I tell you, **if looks could kill**...
—Yeah, will we ever understand women?

in the doldrums
deprê
baixo-astral

O termo *doldrums*, ou "zona das calmarias equatoriais", é um fenômeno climático que gera ventos tão suaves que o ar parece até estar parado. Aplicado a pessoas, essa calmaria pode ser certa apatia ou depressão. No âmbito econômico, é usada para descrever uma economia estagnada.

○ —How are you feeling? Someone said you were **in the doldrums** a bit.
—Well I was, but I'm fine now.

letting off steam
liberar a tensão
relaxar

Até as panelas de pressão precisam "liberar o vapor" que têm dentro. Do contrário, explodiriam. Esta frase em inglês se refere ao momento em que liberamos a tensão acumulada. Pode ser usada em vários contextos, normalmente para pedir desculpas por algum destempero ou para justificar uma de nossas atividades "de descarrego", como praticar esportes, tricotar etc.

○ —Did you mean what you said last night?
—Sorry, no; I was just **letting off steam**. It won't happen again.
—I should hope not.

looking for trouble
spoiling for a fight
procurar encrenca
brincar com fogo

Duas expressões que indicam que alguém está a fim de brigar. A primeira, muito parecida com a versão em português, é mais habitual e coloquial, e pode ser encontrada em vários produtos da cultura popular, especialmente filmes e canções (a mais famosa é "Trouble", de Elvis Presley). *Spoiling for a fight*, porém, é usada em registros mais formais e em contextos literários.

○ —Be very careful if you're going into the town centre tonight. You'll see lots of young people who have drunk too much and are **looking for trouble**.
—Okay, thanks for the warning.

lose the plot
lose it
perder as estribeiras

Todos nós já chegamos àquele ponto em que a situação se torna insustentável e... Bum! – explodimos. Normalmente é uma reação violenta e um tanto desproporcional. Repare que em português perdemos as estribeiras, enquanto em inglês o que se perde é o argumento (*plot*) ou, simplesmente, "a coisa", em referência à compostura. Ah, sim: a expressão é usada no registro coloquial.

○ Every two or three months she completely **loses the plot**; sometimes she's able to apologise and repair the damage, but sometimes she loses friends forever.

not in the mood (for)
não estar no clima

Por mais que tentem me animar ou me fazer rir, hoje não estou a fim, não estou no clima. É o que esta frase diz em inglês e português. É uma advertência para que quem esteja falando conosco mude de assunto. É bastante coloquial, mas pode ser usada quase em qualquer situação.

○ —You look awful this morning. Did your boss...
—Look, I'm **not in the mood**, okay?
—Ah, right.

on the warpath
em pé de guerra
a fim de brigar

Originalmente, *warpath* se escrevia separado: *war path*, "caminho da guerra". Se você já assistiu a algum *western*, deve saber de onde saiu esta expressão: dos índios do oeste americano, quando rumavam para o território inimigo para atacar os "inocentes" caubóis brancos.

- —You'd better watch out for Dad tonight.
  —Why?
  —He's **on the warpath** because Seth has failed *all* his university exams.

take it out on someone
descontar em alguém

Expressão muito habitual que usamos quando fazemos outra pessoa pagar o pato, quando descontamos em alguém que não tem culpa do que aconteceu conosco.

- —I don't care if you've had a bad day at work, **don't take it out on me**!
  —I wasn't taking it out on you!
  —Yes you were!
  —No I...

touch / hit a (raw) nerve
pôr o dedo na ferida

Se alguém nos põe o dedo na ferida, já dói bastante; mas a frase em inglês é ainda mais dolorosa, porque tocar diretamente o nervo causa uma dor insuportável, como bem sabem os dentistas... Normalmente se usa quando se toca em um assunto delicado que gera desconforto.

- —What's going to happen to the house when your mum dies?
  —Wow, you've **touched a raw nerve** there. My sisters and I are... let's say, in disagreement about that issue.

IN TWO MINDS

DECISÕES

decidir

a tough call
decisão difícil

Expressão idiomática dos Estados Unidos, mas difundida por todo o território anglo-saxão. É usada perante uma decisão difícil, especialmente quando há apenas duas opções. Mas também pode ser usada com ironia. É comum usar o adjetivo tough com o sentido de "difícil" ou "antagônico".

○ —Would you like some wine?
—Fine by me. What have you got?
—I've got this supermarket red that was reduced to €3.50 or the bottle of Priorat Reserva that someone gave me for my birthday three years ago.
—Hmm… **it's a tough call**, but I think maybe the Priorat gets my vote.

go for something
escolher
decidir

Neste caso, usamos o verbo *go* não para indicar movimento, e sim como sinônimo de "decidir-se". Usamos esta expressão quando escolhemos uma determinada opção.

—So what are you having: the couscous, the tagine or the pastilla?
—I think I'll **go for** the pastilla. It looks interesting; a chicken and onion pie with almonds and cinnamon. Hmmm...

make one's mind up
decidir-se
tomar uma decisão

Uma expressão bem comum em inglês que se usa em qualquer contexto. O *phrasal verb* também pode ser encontrado como *make up one's mind*.

—Come on, Simon, **make your mind up**. Red wine or white, what do you feel like?
—I'm not sure, I like both.

on second thoughts
pensando bem...

Uma boa expressão para mudar de opinião educadamente, sem ficar mal na fita. Em inglês, significa algo como "depois de pensar pela segunda vez", indicando que refletimos um pouco melhor e nossa opinião agora é mais completa.

—Meat or fish?
—Meat for me, please. Oh, what meat is it?
—Grilled rabbit.
—Oh, **on second thoughts**, I think I'll have the fish. I don't like the idea of eating rabbit.
—Don't you even want to know what kind of fish it is?

take the plunge
dar o passo

Você está no trampolim olhando para a água, mas não decide mergulhar (*plunge*). A frase se refere justamente a dar *esse* passo, mergulhar fundo, metaforicamente falando.

—You said you wanted to change to another company and now you have a job offer. Are you going to **take the plunge**?
—Probably, well, possibly.

DECISÕES

avaliar opções

a toss-up
jogar cara ou coroa

Quando não sabemos o que fazer, às vezes recorremos ao acaso e lançamos (*toss*) uma moeda no ar para que ela decida por nós. Em inglês, a expressão é usada para indicar esse acaso, mas também para explicar que estamos divididos entre duas opções que têm o mesmo peso.

- —Have you decided where you're going for New Year?
  —Not yet. It'll probably be **a toss-up** between Morocco or Egypt.
  —*Oh, Morocco, definitely.*

(be) in two minds (about something)
estar indeciso/dividido

Essa expressão é usada quando temos de tomar uma decisão e estamos divididos, ou, literalmente, "em duas mentes", porque, ao analisar os prós e os contras para decidir por uma coisa ou outra, as duas têm o mesmo peso.

- —Have you decided what you're going to study?
  —I'm **in two minds** about it: either psychology or law.
  —That's a strange choice!
  —Really? Why do you say that?

the most likely scenario
o mais provável

Esta expressão é usada para indicar probabilidade, em contextos mais formais. Cuidado com *scenario*, que aqui tem o sentido de "hipótese", "prognóstico", "perspectiva".

- —So, another minister accused of corruption. Your thoughts, Iñaki?
  —**The most likely scenario** is that the Government will attack the accusation, at least at first.

IN THE LAP OF THE GODS

INEVITÁVEL

(be) a fate worse than death
o pior que pode acontecer
prefiro morrer a

Para alguns, há destinos (*fates*) muito piores que a morte, e é a isso que se refere esta frase. É coloquial e bastante exagerada.

○ —Would you ever go back to live in Pittsburgh?
—God, no! **A fate worse than death**!

(be) written in the stars
(estar) escrito nas estrelas

Embora não se limite ao âmbito dos relacionamentos, a expressão "(estar) escrito nas estrelas" é usada até se dizer chega em filmes e canções bregas para se referir a casais e indicar que uma relação está ou estava predestinada.

○ —Isn't it an incredible coincidence the way we first met?
—I like to think it **was written in the stars**.
—Oh, honey, you're so romantic!

in the lap of the gods
nas mãos do destino

Em inglês, quando algo está nas mãos do destino, dizemos que está "no colo dos deuses". Seja o que for que façamos, não poderemos influir no que vai acontecer, já que não depende de nós. A origem da expressão se encontra na *Ilíada* de Homero.

> —Well here we are in another penalty shoot-out. It was 2-2 after extra time, so who goes through the semi-final and who goes home tonight really is **in the lap of the gods**.
> —Well, I'm not so sure; I know France have been practising penalties, and Ireland haven't.

like father, like son
tal pai, tal filho

Aplica-se a pessoas e funciona da mesmíssima maneira nos dois idiomas, tanto para fazer comentários positivos quanto negativos. A ênfase recai sobre *father / son*.

> Wine and business were his two great passions. 20 years later, his son, armed with a degree in Oenology from Tarragona University, took over the business and made it into the success it is today. **Like father, like son**.

man proposes, God disposes.
o homem propõe e Deus dispõe

Idêntica nas duas línguas, esta expressão tem origem no ensaio *De imitatione Christi* (*A imitação de Cristo*), atribuído ao místico alemão Thomas A. Kempis. A versão moderna é *man proposes but woman disposes*.

> —Despite your best efforts, some of your projects haven't been successful. Why would you say that is?
> —What can I say, but **man proposes, and God disposes**.

the way of all flesh
não dar certo
ir para o brejo

O sentido literal da frase é "o caminho de toda carne", que todos sabemos que não é outro senão apodrecer e se decompor. É usada em tom irônico para se referir a projetos fracassados e coisas que não deram certo.

> —I hear your relationship with Steve is finished. What happened?
> —Oh, it went **the way of all flesh**. We're still friends though, sort of.

what fate has / had in store for someone
o que o destino (nos) reserva

Esta expressão se refere à inevitabilidade do destino, pois, muitas vezes, o que a vida nos apresenta não tem nada a ver com o que havíamos imaginado. Costuma ser usada em retrospectiva.

○ I look at the smiling faces of these people at a Jewish wedding in Warsaw in 1938 and I can't help wondering if any of them knew **what fate had in store for them**.

what goes up must come down
tudo que sobe tem de descer

Pode ser uma referência concreta a um objeto físico, mas se usa muito em sentido figurado para situações cíclicas.

○ House prices and land prices seemed to be going up and up forever. But deep down everyone knew that **what goes up must come down**.

what must be, must be
o que tiver de ser, será

Há coisas inevitáveis, diante das quais não podemos fazer nada. A isso se refere esta frase. Lembra "Whatever will be, will be", canção que Doris Day cantava no filme de Hitchcock, *O homem que sabia demais.*

○ —He's in hospital again, and the doctors say that there's not much hope, given his age.
—Well, **what must be must be**.
—You're right, there's nothing to say, is there?

bite one's tongue

CALL A SPADE A SPADE

DIRETO E INDIRETO

bite one's tongue
morder a língua

Igualzinho em português. Às vezes, é melhor morder a língua do que dizer algo de que poderíamos nos arrepender.

- —I had to **bite my tongue** a few times when I visited my sister and her partner last week.
  —The same happens to me all the time.

call a spade a spade
falar sem rodeios/sem papas na língua

Dizer as coisas às claras, independentemente da repercussão que isso possa acarretar. É uma frase coloquial, mas adequada em quase qualquer contexto.

- It's just not good enough to say that "he was too keen to get the ball." Let's **call a spade a spade**. It was a terrible foul. He deserves a red card and long suspension.

cut the crap!
chega de enrolação! corta essa

Uma frase muito vulgar e muito direta (literalmente, seria "corte a merda"), com a qual dizemos a alguém que pare de enrolar e não invente desculpas.

- —Sorry about yesterday; I just didn't have enough time to get organised, and then something came up and...
  —Oh, **cut the crap**, will you? You just didn't want to come!

discretion is the better part of valour
é melhor ser discreto

Embora se dê muita importância à valentia, às vezes é melhor não arriscar e ser discreto, como indica esta expressão. Pertence a um registro um tanto elevado e, no pretérito, é formulada com *get: discretion got the better of valour*.

○ —If you felt that way, why didn't you say anything?
—You know, **discretion is the better part of valour**.

go off at / on a tangent
sair pela tangente
divagar
fugir do assunto

Expressão usada quando alguém desvia do assunto. Na Grã-Bretanha, é usada mais com *at* e, nos Estados Unidos e na Austrália, com *on*.

○ —Some feedback, please?
—Okay. You **went off on a tangent** when you were talking about the third slide, which meant that you ran out of time. Keep on track next time.

have a card up your sleeve
ter uma carta na manga

Assim como em português, a expressão inglesa é usada quando temos um plano B, uma alternativa. Surgiu, evidentemente, do carteado e das trapaças que costumavam ser praticadas em jogos desse tipo.

○ —It looks as if they're going to agree to our terms, doesn't it?
—Wait a minute. I think they've **got a card up their sleeve.**

lay / put your cards on the table
pôr as cartas na mesa,
abrir o jogo

Assim como em português, é uma forma de pedir ou oferecer total transparência. A versão com *put* é muito mais habitual e coloquial.

○ —I know that there's something you want to say: why don't you just **put your cards on the table**?
—Will you do the same?
—Naturally.

near the knuckle
close to the knuckle
um tanto atrevido/ofensivo

Fazer um comentário "perto dos nós dos dedos" significa ser atrevido, dizer algo que pode ser uma provocação, uma ofensa ou que pode ferir suscetibilidades. É quase como um "golpe baixo".

- —She interviewed the Prime Minister on live TV last night and asked him some questions that were quite **close to the knuckle**.
  —Wow, I wish I'd seen it.

put it plainly / bluntly
falando claramente
para ser sincero...

Plain e *blunt* significam "direto, claro". Esta expressão avisa que aquilo que vamos dizer não será do agrado de nosso interlocutor. Aplica-se quando temos de ser francos (e não necessariamente diplomáticos).

- There are some questions about the quality of your work, Jay. **To put it bluntly**, the feeling is that maybe this kind of work is not for you.

straight from the horse's mouth
saber de primeira mão

Literalmente, significa "diretamente da boca do cavalo", ou seja, da fonte original, sem que a informação tenha passado por diversas pessoas e se tornado um rumor.

- —How did you get that information?
  —I got it **straight from the horse's mouth**.
  —Oh my God!

straight from the shoulder
sem rodeios

Esta expressão é bastante comum e coloquial e pode ser usada em qualquer contexto. Literalmente, significa "direto do ombro" e faz alusão a um golpe de boxe.

- —Don't give me that politically-correct bullshit! Tell me **straight from the shoulder**!
  —Okay, I'm leaving you.

FLASH IN THE PAN

SUCESSO E FRACASSO

derrota

a (complete) write-off
perda total

Trata-se de uma expressão das seguradoras que foi se incorporando a nosso jeito de falar para indicar que algo está tão destruído que não tem mais conserto.

- —As a band, *The Who* seemed like **a complete write-off**; they argued all the time, their rehearsals often ended in fights, and they regularly had problems in hotels when they were on tour.

down but not out
perder a batalha, mas não a guerra

A frase em inglês surgiu do boxe e descreve o momento em que o lutador está caído (*down*) na lona, mas ainda não contaram até dez para dar a luta por encerrada.

- —So, today you lost to Italy. Is this really the end of the tournament?
  —Not at all, if we win our next match, we still have a chance. We're **down but not out**.

drop the ball
dar bola fora
pisar na bola

Expressão originária do futebol americano, esporte no qual só se usam os pés, mas a bola é conduzida nos braços e lançada de um jogador para outro. Deixar cair a bola, *drop the ball*, é uma infração e, acima de tudo, um grande erro. Daí a metáfora.

○ Did French intelligence services **drop the ball** when they allowed two terrorist brothers to remain free? Who will forget those men who put France in a state of panic for four days?

excuses, excuses
isso é desculpa!

Conhece a canção italiana "Parole, parole"? Pois esta expressão é usada justamente nesse sentido, ou seja, diante de uma situação na qual as pessoas falam e falam, mas só emitem palavras vazias ou desculpas. Pode ser usada com má intenção ou com um sorriso irônico, para não dar muita importância ao assunto.

○ —I didn't phone you because I couldn't find my diary with all my numbers in it.
—**Excuses, excuses**! We have lots of contacts in common.

how are the mighty fallen
como caem os poderosos

É uma frase muito formal, de origem bíblica, usada como moral da história quando contamos o caso de alguém que caiu em desgraça. Como todo alerta moral, tem uma função didática: indica que aquele que caiu agiu mal.

○ I remember when they were one of the most prestigious airlines in the world, and now they went bankrupt. **How the mighty are fallen**!

live to fight another day
amanhã é outro dia

Uma expressão de origem militar que, literalmente, significa "sobreviver para lutar mais um dia". Hoje em dia, refere-se a seguir em frente e tirar algo positivo de uma situação muito ruim.

○ —Bad news, I'm afraid, Jason. We didn't get the contract with the Canadian university.
—Oh well, **we live to fight another day**. You can't win them all.

turn to custard
piorar

Uma expressão neozelandesa muito informal que indica uma relação ou um projeto que não deu certo. Como *custard* é um creme de ovos, pode ser que a expressão queira dizer que a coisa engrossou ou ficou precária.

○ After six difficult months of living together, their relationship had **turned to custard** and it was only a matter of time before one of them walked out.

em estado de glória

all downhill (from here)
downhill all the way
mamão com açúcar

É o exato oposto do nosso "morro abaixo", que implica uma descida inexorável rumo ao fracasso. A expressão inglesa indica movimento sem esforço algum, ou seja, mover-se com facilidade. Ao usá-la, damos a entender que, a partir daí, o resto é fácil.

○ After years of research and very successful clinical trials, it's going to be **all downhill** from now on with this new drug.

go from strength to strength
de sucesso em sucesso

É uma frase bíblica que indica melhora constante e inexorável. É formal, mas pode ser usada em vários contextos.

○ —Since you became manager, this hotel has **gone from strength to strength**. What's the secret of your success?
—Quite right; it's a secret.

make a comeback
estar de volta
reaparecer

Você já deve tê-la ouvido em milhares de filmes e também aplicada a bandas que haviam sumido e reapareceram. Refere-se especialmente a pessoas populares ou famosas que passaram por um mau momento.

○ —Their first two albums promised a lot, the next two were rubbish, but this new one sounds brilliant.
—Yeah, it's their best ever; they've really **made a comeback**.

make headway
estar no caminho certo
make a go of it
fazer progressos

Duas expressões que indicam avanço, mesmo com certa dificuldade. A segunda, particularmente, tem uma nuance positiva, de sucesso apesar das dificuldades.

○ —Are you **making headway**?
—I think so, but we need more time.
—He **made a go of** that shop, despite the bad location.
—Yeah, he did well.

on / onto a winner
sucesso garantido

Expressão que usamos quando alguém tem um negócio "vencedor", ou seja, garantido, que dá muito dinheiro sem exigir muito esforço.

○ Until the early 80s, New Zealand kiwifruit growers had a worldwide monopoly on the fruit. They were **onto a winner**, that is, until some farmers started selling the plant and the technology too.

rags-to-riches
da pobreza à riqueza

Imagem que nos remete, por exemplo, ao conto da Cinderela, no qual os farrapos (*rags*) se transformam em vestidos luxuosos. É usada para falar de gente de origem humilde que vence graças a seu próprio empenho.

○ I hope you join us tonight on Channel 9 for **the rags-to-riches** story of Luka Druskovich, who arrived in this country with nothing and went on to become one of its richest men.

rise to the occasion
estar à altura

Literalmente, seria "elevar-se à ocasião", um sentido muito similar ao da expressão em português, e a usamos quando falamos de alguém que tem um desafio ou uma tarefa importante a cumprir. É usada em frases negativas ou afirmativas e em qualquer tempo verbal.

> —We've decided to make you the new leader.
> —Thank you, Sven, I hope I can **rise to the occasion**.
> —You will.

with flying colours (EUA: colors)
com louvor

"Com as cores ao vento" faz referência ao hasteamento de bandeiras triunfais. Hoje em dia, a expressão é usada no contexto acadêmico e significa ir muito bem em provas ou exames.

> Your mum told me that you passed your university entrance exams **with flying colours**. Well done!
> —Oh, not exactly *flying colours*. She exaggerates a bit.

sucesso efêmero

a flash in the pan
ouro de tolo

Remonta à febre do ouro na Califórnia, no século XIX, quando na bacia (*pan*) do garimpeiro aparecia algo brilhante que não era ouro. Refere-se a algo fugaz ou que não é o que parece.

> At first I thought she was the best student in the class, but not anymore. It was just **a flash in the pan**.

a one-hit wonder
de um sucesso só

Costuma ser aplicada a bandas e intérpretes que fazem sucesso graças a uma única canção (*one-hit*) e depois desaparecem. Tenho certeza de que você vai se lembrar de algumas antes de chegar ao fim deste parágrafo.

- —Remember a song from 1967 called *Black is Black*?
- —Yes, it was by a group called Los Bravos. They were **a one-hit wonder**, weren't they?
- —Certainly were.

malograr

be a / the victim of one's own success
ser vítima do próprio sucesso

Às vezes, o sucesso é fonte de alegria, riqueza e uma vida licenciosa, mas em outros tantos casos nos traz problemas. De fato, podemos até ser vítimas dele, como nesta frase, muito utilizada nos meios de comunicação.

- Barcelona is finding out that tourism can make a city the **victim of its own success**. Just ask neighbours in the central districts.

fall by the wayside
morrer na praia
ficar pelo caminho

É uma frase bem culta que se usa para dizer que algumas opções (de um projeto, de um plano etc.) foram descartadas ou não tiveram êxito. Em português é bem mais coloquial.

- We began the project by looking at 100 potentially good designs, but 98 of them have **fallen by the wayside** in the course of the project, so we're going to present only two.

make a hash of something
fazer confusão

Um *hash* é uma confusão, uma zona ou uma mistura de coisas variadas. Usamos esta expressão quando misturamos coisas ou conceitos, especialmente se os distribuímos mal.

- I'm terribly sorry, but we've **made** rather **a hash of** the arrangements and half of the guests have been taken to the wrong hotel. We're doing everything we can to sort it out. I do apologise.

miss the boat
perder o trem

Em português se perde o trem; em inglês, o barco. Mas o significado é o mesmo: perder uma oportunidade de ouro.

> —I know we haven't spoken for a long time, but I want us to get back together.
> —You've **missed the boat**; I married Jenny two months ago.

my bad
foi mal

Expressão idiomática que data dos anos 1970 e surgiu nas quadras de basquete urbanas dos Estados Unidos, para pedir desculpas por um erro. *Bad*, no caso, normalmente um adjetivo, funciona como substantivo.

> —Hey, who took the last beer from the fridge?
> —Oh, **my bad**. I was really thirsty.
> —Are you going out for some more right now?
> —I guess I'd better go, yes.

shoot yourself in the foot
dar um tiro no pé

Idêntica à frase em português, esta expressão é bem ilustrativa: "atirar no próprio pé"

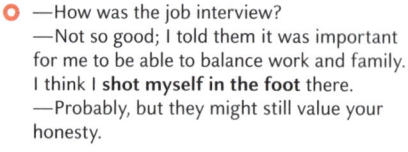

> —How was the job interview?
> —Not so good; I told them it was important for me to be able to balance work and family. I think I **shot myself in the foot** there.
> —Probably, but they might still value your honesty.

LET'S GET THE BALL ROLLING

COMEÇAR E TERMINAR

começar

game on!
só termina quando acaba
ainda ter chances

Expressão bastante usada quando algo que parecia decidido sofre uma mudança repentina e volta a ficar indefinido. O exemplo mais claro seria uma partida de futebol, mas a expressão pode ser usada em vários outros contextos. É o contrário de *game over*, e a ênfase recai no *on*.

- —And so, with 15 minutes left on the clock, Holland have equalized. It's 2-2. **Game on**! Gary?
  —Yes, it's what I was saying; they've been looking dangerous.

get off on the wrong foot
começar com o pé esquerdo

Muito parecida com seu equivalente em português, esta expressão é usada para indicar educadamente que algo não começou da melhor maneira possível. De fato, muitas vezes é usada para tentar começar de novo, deixando para lá uma primeira situação constrangedora.

> —I don't want **to get off on the wrong foot**, but you arrived half an hour late, and you didn't even let me know.
> —Really, my watch must have stopped.

get off your arse / ass
mexa essa bunda

Mais ou menos como em português, a expressão insinua que alguém está sentado quando deveria estar fazendo alguma coisa. O uso de *arse* (Reino Unido) ou *ass* (Estados Unidos) a transforma em uma frase um tanto vulgar.

> —If you're going to the kitchen, why don't you bring me a beer?
> —Why don't you **get off your arse** and get one yourself?

get something off the ground
tirar do papel
fazer algo decolar

Frase similar à anterior, só que usada mais para projetos. Literalmente, significa "tirar algo do chão".

> —To be honest, I don't believe we can **get this project off the ground** before the deadline.
> —Are you saying I should get somebody else to do it?

get the ball rolling
mãos à obra

É uma expressão desportiva para indicar que começamos a fazer algo. Em qualquer esporte com bola, nada acontece até a bola começar a rolar.

> Okay, does everyone know what to do? Fine, so let's **get the ball rolling**.

get the show on the road
vamos lá!

Dá para ver que os falantes do inglês são despachados. Quantas frases com os mesmos significados! Neste caso, faz referência aos espetáculos (*shows*) itinerantes (*on the road*) dos quais você já deve ter ouvido falar em muitos filmes. É coloquial, mas não vulgar.

> —Why is everyone sitting around? Let's **get this show on the road**.
> —We were just waiting for you.

here goes
aqui vai

É usada como prelúdio a algo que vamos dizer e não sabemos bem como será recebido, especialmente uma crítica ou uma ideia muito louca.

- —Give us one good reason why we should give you the job and not one of the other candidates.
  —Okay, **here goes**: I know where this company is going wrong in terms of its strategy.

off to a good start
começar com o pé direito

Expressão que se usa em qualquer contexto para dizer que algo começou bem. É usada com os verbos *get* ou *be*.

- —Three wins in the first three matches, Jim; you couldn't ask for a better start.
  —Well, yes, we're **off to a good start**, but there's a long way to go yet.
  —Thanks, Jim. And now back to the studio.

make a fresh / new start
começar de novo

Ou começar do zero. Assim como em português, é usada quando, depois de um fracasso, recomeçamos algo como se fosse a primeira vez.

- After the divorce, and with the support of her friends, she **made a new start** without too many problems.

put your shoulder to the wheel
colaborar
fazer sacrifícios

Imagine a típica carruagem dos filmes de época atolada na lama depois da chuva. É preciso empurrar aquelas rodas (*wheels*) enormes para tirá-la de lá, né? Portanto, todos têm de meter o ombro e empurrar. Repare que em inglês a expressão usa um pronome possessivo que deve ser ajustado de acordo com quem fala.

- —In order to get our economy moving again, we must all **put our shoulders to the wheel**, and make sacrifices.
- —So will all you Members of Parliament be taking a pay cut?

terminar

end with a bang
fechar em grande estilo
end on a high note
fechar com chave de ouro

Duas expressões que se usam quando algo acaba muito bem. A primeira é coloquial, enquanto a segunda é mais formal, como as duas equivalências que citamos em português. Em ambas, *end* pode ser sustituído por *start*, mas não é muito comum.

- The company ended the year **on a high note**, with the best sales figures in over a decade.

game over
acabou

Acabou, terminou, já era. A frase mais célebre dos videogames é usada coloquialmente para dizer que não há mais nada a fazer, que acabou. É o contrário de *game on*.

- —Incredible, Germany have just scored again! It's 7-0! Your thoughts, Steve?
  —**Game over.**

nip something in the bud
matar antes de nascer
arrancar pela raiz

Literalmente, significa "arrancar o broto", ou seja, não deixar que floresça. É usada para deter qualquer projeto ou ideia antes que tenha possibilidade de se desenvolver.

- —What would you do if your teen daughter started to be rude to you or your partner?
  —I'd **nip** that attitude **in the bud** before it got any worse.

pull the plug on something
deixar de apoiar

A frase significa "tirar algo da tomada" e é usada quando alguém retira seu apoio (especialmente financeiro) a um projeto. Também é usada com o significado direto de "deter" um projeto se aquele que o "desliga" tiver poder suficiente para isso.

- Many people now think it's time to **pull the plug on** the culture that has allowed politicians at all levels to spend massive sums of public money with very little scrutiny.

wind up
acabar

Como verbo, *wind* significa "terminar", e *wind up* insinua que é para deixar tudo arrumado e acabado, sem nenhum fio solto. Nota: quando é verbo, o *i* de *wind* se pronuncia *ai*, como em *mind*.

- Well thank you all for coming; it's been a great conference. We've still got one or two small matters to **wind up**, but I do hope to see most of you at the farewell dinner and dance tonight.

wrap something up
dar por concluído

Wrap significa "embrulhar", normalmente um presente ou um produto, como sinal de que já pode ser posto à venda. A frase é usada como sinônimo de terminar ou acabar algo, especialmente um projeto importante ou longo.

- I'd really like to **wrap this up** before we go home tonight. Can I ask you all to stay until about 7.30pm?

pull the plug on something

TAKE A RAIN CHECK

ESPERAR

em curso

leave it to me
deixe comigo

Em português e inglês, a frase é a mesma. É usada quando alguém tem um problema e você se oferece para ajudar, mas sem dar muitas garantias.

> —Marga, I haven't been paid for that Saturday I worked last month.
> —Let me see your payslip... I see. Okay, **leave it to me.**
> —Thanks.

watch this space
fique atento

"Fique ligado!", dizem às vezes na televisão, e é exatamente isso que sugere esta frase, que pode ser usada em qualquer contexto para indicar que logo serão fornecidas mais informações sobre alguma coisa.

> —So when will you know if you have any jobs available in this department?
> —In a month or two, but **watch this space**. We'll be updating our website.

esperar ou adiar

all things come to those who wait
quem espera sempre alcança

Uma expressão que lembra o pensamento oriental baseado na paciência e tranquilidade. É usada para dizer que, se perseverarmos, as coisas acabarão acontecendo.

- —You've written five books, but this was the first best-seller. Were you becoming desperate?
—No, I wasn't. **All things come to those who wait.** Besides, it's not the best of the six.

don't get your knickers in a twist (Reino Unido)
don't get your panties in a bunch (EUA)
nada de pânico

Versão um pouco mais vulgar que a anterior, porém mais divertida, pois significa literalmente "não retorça a calcinha". Por isso, costuma ser usada entre amigos e familiares. Nota: não se pronuncia o k inicial de *knickers*.

- —I've lost the USB with all our work for the project on it! I had it in my bag this morning!
—**Don't get your knickers in a twist**! We sent the project to your Gmail last night, remember?

keep your hat on!
não fique nervoso!
muita calma nessa hora

Um imperativo coloquial que pode ser usado em qualquer contexto. Um século atrás, só um louco ou uma pessoa atacada de histeria sairia de casa sem chapéu, daí a expressão.

- —I can't find my school bag anywhere! Someone must have moved it!
—**Keep your hat on**! It must be where you left it last night.

kicking one's heels
estar impaciente

O que fazer quando nos vemos em uma fila interminável? A maioria de nós se agita, passa o peso de um pé para o outro e pode até "chutar o próprio calcanhar", como diz a frase em inglês, enquanto espera a fila andar, certo? É usada quando estamos muito impacientes e a espera parece não ter fim.

> —What are you doing? We're all out here, **kicking our heels**.
> —I'm just putting my coat on; see you in a minute.

take a rain check
adiar

Quando há algo que você não pode fazer e não quer cancelar, proponha um *rain check*, nome pelo qual são conhecidos os convites que os parques de diversões e organizadores de atividades ao ar livre distribuem aos frequentadores quando a programação é transferida para um outro dia por causa da chuva. A frase é usada desde os anos 1980 nos Estados Unidos e agora também no Reino Unido. Muito habitual e coloquial. Se você é fã de séries de televisão, já deve tê-la ouvido em mais de uma ocasião.

> —So, that's our proposal. What do you say?
> —I need to **take a rain check** on that. Maybe later.

time and tide wait for no man
o tempo não perdoa

Uma expressão clássica e formal que também pode ser usada com ironia. Indica que há muitas coisas inevitáveis nas quais não temos como influir, como o tempo (*time*) e a maré (*tide*).

> —Must you be going so soon?
> —I'm afraid so, my love. **Time and tide wait for no man**.

wait your turn
stand in line
entre na fila
bem-vindo ao clube

Além do sentido literal, as duas frases são usadas para dizer que muitas pessoas querem a mesma coisa ou têm o mesmo problema. Seu uso idiomático nos filmes é bastante frequente.

> —I'm sorry, but I'm in rather a hurry, and...
> —Sir, please **wait your turn**. All of these people were here before you.

KEEP YOUR EYES PEELED

ESTAR POR DENTRO

a par

forewarned is forearmed
um homem prevenido vale por dois

Também seria possível traduzi-la por "informação é poder", pois a expressão diz que quem se previne (*forewarned*) pode se armar de antemão (*fore-*) para o que vier a acontecer.

- —Hey, I heard that the Financial Dept are going to say at the meeting that your department is overstaffed.
  —Thanks for that tip off; **forewarned is forearmed**.

get up to speed
tirar o atraso alcançar os outros

É usada quando alguém precisa assimilar os conhecimentos que outros já têm para trabalhar no mesmo ritmo. Literalmente, significa "alcançar a velocidade (desejada)" e é uma frase do inglês comercial dos Estados Unidos bastante difundida.

- Karen, I know you're still on holiday, but when you get back to work on Monday we'll need you to **get up to speed** very fast. Hey, listen, I can email you some stuff now.

have your finger on the pulse
manter-se a par de tudo

A frase significa, literalmente, "ter o dedo no pulso" ou "tomar o pulso", o que indica que sabemos perfeitamente o que está acontecendo a todo momento, que estamos a par de tudo e temos tudo sob controle.

O —There are some pretty important things happening in your part of the world these days, but over here we don't know what's real and what's rumour.
—It's okay, **I've got my finger on the pulse.** And I can tell you all about it.

in the know
a par

Trata-se de uma expressão coloquial que usamos para indicar que temos informação privilegiada sobre algo.

O —We're going to Spain to get married in May, and we'd like you to come. It's a symbolic wedding; we'll have the legal one here a week before.
—Is that a secret?
—Yes, no-one but you and my sister are in the know.
—Okay, I'll keep my mouth shut.

keep an eye on something / someone
ficar de olho em

Não é o caso de manter os olhos abertos o tempo todo, e sim de não baixar a guarda, continuar vigilante. É uma expressão muito coloquial e habitual em vários contextos, tanto em inglês quanto em português.

O —We're going away for a week. Could you **keep an eye on** our letter-box while we're gone?
—Sure thing. That's what neighbours are for.

keep one's eyes peeled
manter os olhos bem abertos

"Manter os olhos descascados" é não usar as pálpebras, ou seja, ficar de olhos bem abertos. A expressão significa prestar muita atenção, especialmente em situações de perigo ou que exijam muita vigilância.

> ○ Things to remember about shoplifting: one- **keep your eyes peeled** for anyone coming into the shop wearing a coat in hot weather. Two-

keep someone posted
manter informado

É usada para pedir a alguém que nos mantenha informados sobre algo específico. Muito habitual e coloquial também.

> ○ —I think this is going to take quite a while to be processed, but I'll **keep you posted.**
> —Nice one.

on the case
estar cuidando (disso)

Quando estamos "no caso", ou seja, em cima do assunto, podemos usar esta frase para mostrar que não o esquecemos e estamos trabalhando nele. A frase alude aos casos das séries policiais.

> ○ —What happened about those incorrect invoices from the City Council?
> —Don't worry; we're **on the case.**
> —Good to hear it.

distração

get sidetracked
perder o fio da meada
distrair-se

É usada quando a pessoa acaba se distraindo e menciona ou faz coisas que não pretendia dizer ou fazer em um primeiro momento.

> ○ She's a good speaker, but she has a tendency **to get sidetracked**, so she often doesn't reach her planned conclusion.

let your guard down
baixar a guarda

Idêntica em português e inglês. Vem das lutas esportivas, nas quais é preciso manter a guarda diante dos ataques adversários. É usada metaforicamente para indicar excesso de confiança.

○ —Maria Luisa, the orders from your last two sales trips to Italy have been pretty modest. Maybe you've **let your guard down** a bit.
—Oh, come on; times are hard out there.

the left hand doesn't know what the right hand is doing
a mão esquerda não sabe o que a direita faz

Outra frase idêntica em português e inglês que indica que está tudo um caos, apesar de vir da Bíblia e, originalmente, querer dizer que não devemos nos vangloriar de nossas boas obras, que nem sequer uma de nossas mãos deveria estar a par das boas ações que a outra faz.

○ —How are things going in the department with the changes?
—Better not ask: **the left hand doesn't know what the right hand is doing.** It can't continue like this.

surpresa

catch someone with their pants / trousers down
pegar alguém com as calças curtas

Frase bastante ilustrativa que, nos dois idiomas, significa pegar alguém desprevenido. A versão com *pants* é norte-americana e a com *trousers*, mais britânica e muito mais frequente.

○ —Two years ago we had 80% of the water-filter market in Spain; now we've got 60%. What's going on?
—Competitors are making filters that fit our jugs; theirs cost €4 and ours cost €5.
—So they've **caught us with our pants down**; is that it?

THE WRITING IS ON THE WALL

EVIDENTE OU NÃO

evidente

as plain as the nose on your face
está na cara, mais claro que a água

Expressão um tanto arrogante, porque é usada em tom de censura quando a outra pessoa não percebe algo muito evidente.

○ —And in spite of the protests, the referee's allowed the goal, when it was clearly a handball!
—I don't know how the ref didn't see that; it was **as plain as the nose on your face**!

I rest my case
não tenho mais nada a dizer

Frase que dizem os advogados quando terminam suas alegações finais, como você já deve ter ouvido em muitos filmes. Apesar disso, é usada em discussões informais para indicar que algo é tão evidente que não é necessário acrescentar mais nada. Muitas vezes, também é usada ironicamente.

○ —So yes, I suppose it was possible that she interpreted my words as meaning that.
—It was possible? You say it was possible? Thank you. **I rest my case**.

it goes without saying (that)
desnecessário dizer

Expressão bastante similar nos dois idiomas. A ideia é que se trata de algo muito evidente (pelo menos para você). É usada com uma pontinha de orgulho e satisfação, mas também pode ser dita de maneira muito elegante, para puxar o saco de alguém.

> —So this department is going to be reduced by two people. **It goes without saying** that your position is safe, provided—
> —Provided that I keep quiet about all this downsizing?
> —Correct.

nail your colours to the mast
pôr as cartas na mesa
abrir o jogo

Ou deixar bem claro o que pensamos sem dar margem a dúvidas. Em inglês, é "cravar suas cores no mastro", e dizem que provém de um jovem marinheiro que, em 1797, durante uma batalha naval, cravou a bandeira britânica no mastro da nau capitânia, que estava um tanto avariada, para deixar bem claro que sua frota continuava lutando.

> —So, on the question of full independence, your political party has **nailed its colours to the mast**, hasn't it?
> —Yes, indeed; we want citizens to know exactly what we believe.

plain to see
é evidente/óbvio
está na cara

Ou está bem claro. É a típica frase que usamos quando algo salta aos olhos e não são necessárias grandes explicações.

> Her attitude to her son-in-law was **plain to see**; he simply wasn't good enough for her daughter, and she made sure he noticed that.

right under your nose
debaixo do seu nariz

Já ouviu essa? Se a ouviu, sem dúvida ficou com muita raiva, porque, no caso dessa frase, a pior parte é que quem a diz normalmente tem razão.

> —Have you seen the bottle-opener? It's not hanging in the usual place.
> —It's **right under your nose**.
> —Where? Oh, here.

the rest is history
o resto é história
e o resto você já sabe

Um empréstimo do inglês que você deve ter ouvido em muitos filmes. Indica que o resto do relato é algo que já se sabe, que é de domínio público, e, portanto, seria desnecessário entrar em detalhes.

> And after the end of the clinical trials, this contraceptive immediately went into production in 20 countries and, well, **the rest is history**. Any questions?

the writing (is) on the wall
(algo que) já se esperava

"Está escrito na parede" é uma expressão de origem bíblica que, em inglês, é muito usada para se referir a algo evidente e que já se sabia que aconteceria. Geralmente, é usada em sentido negativo, para dizer que tudo indicava algo ruim prestes a acontecer, mas ninguém percebeu os sinais.

> Even though the coal-mining towns fought to keep their communities alive, **the writing was on the wall** for the industry a long time ago.

walk of shame
que vergonha!

O exato oposto da célebre Walk of Fame, a Calçada da Fama de Hollywood. Esta expressão é usada quando nos vemos em uma situação embaraçosa de cunho sexual. Por exemplo, ao sair da casa de "alguém" pela manhã, ou quando chegamos a algum lugar com uma chupada no pescoço, ou vamos trabalhar ainda com a roupa da festa do dia anterior.

> —Hey Maribel, good morning! Look at you with your skyscraper heels and your mini-dress! **Walk of shame**! Hey, everyone...
> —Shut up, will you!
> —I will if you tell me all about it.

wear your heart on your sleeve
demonstrar suas emoções

Nossa, como é duro ser sensível! Em inglês, quem demonstra suas emoções "usa o coração por cima da manga", ou seja, não esconde nada do que sente. Em certo sentido, isso é bom, e a frase pode ser usada para se referir a pessoas sinceras que expressam suas emoções abertamente; mas também pode ser usada no sentido oposto, para pessoas que se deixam afetar por tudo porque são muito sensíveis e vulneráveis.

- —Your feelings are clear to me, but I'd advise you not to **wear your heart on your sleeve**. People can be very cruel, you know.
 —Thank you, but I will **wear my heart on my sleeve**. I have nothing to be ashamed of.

não tão evidente

hard to make out
difícil de entender
hard to follow
difícil de acompanhar

Duas expressões similares que indicam uma dificuldade para entender o outro ou, pior ainda, entender instruções escritas.

- 1) —Does this curry contain MSG? The printing on the label is too small for me.
 —Let me see.. Oh, it is quite **hard to make out**, isn't it?

 2) —His talk was so full of numerical information that it became **hard to follow**, don't you think?
 —Yes, I was bored stiff.

in the background
behind the scenes
nos bastidores

Duas frases originárias do mundo do espetáculo e que falam de intervenções que ocorrem em um projeto longe dos olhos do público.

- I'd like to thank all the people **behind the scenes** who have made this event such a success.

it's on the tip of my tongue
está na ponta da língua

Idêntica nos dois idiomas, é usada quando sabemos o que queremos dizer, mas a coisa não sai. Já deve ter acontecido com você milhares de vezes, e em todas elas você deve ter ficado louco. Nós também.

- —Question number six: what's the capital city of Costa Rica?
  —Oh… **it's on the tip of my tongue**…
  San José?
  —Correct!

muddy the waters
complicar as coisas

É o que acontece quando andamos à beira de um rio e remexemos a terra. Daí vem o sentido mais literal da frase, que também se usa no sentido figurado para falar das pessoas que complicam uma situação, voluntariamente ou não.

- But the amendments to the law that they propose would only **muddy the waters** and make it very difficult to verify compliance.

we weren't to know how was I to know?
não havia como saber
como eu poderia saber?

Expressões similares que indicam a impossibilidade de prever o que aconteceu. Usadas normalmente como desculpas quando não nos restou nada a fazer para evitar um constrangimento ou uma desgraça.

- —Why did you offer them Serrano ham for starters and then pork-based main courses?
  —Hang on! **How was I to know** they were Jewish? No-one told me.

BEEN THERE, DONE THAT

EXPERIÊNCIA E INEXPERIÊNCIA

principiante

a new kid on the block
sangue novo na área

Os anos 1990 devolveram esta expressão inglesa dos anos 1950 a seu lugar de direito, graças a uma banda pop chamada The New Kids On The Block. Basicamente se trata de alguém que começa algo já demonstrando força e talento. É usada principalmente no inglês dos Estados Unidos.

> —So in independent cinema, who's **the new kid on the block**?
> —Well, Susan, tonight we've got three new...

in all innocence
com toda a inocência

Muito similar em inglês e em português, é usada para dizer que pisamos na bola por sermos ingênuos e não termos pensado antes nas repercussões. Também pode ser aplicada no sentido literal às ações de uma criança pequena, que costuma ser genuinamente inocente.

EXPERIÊNCIA E INEXPERIÊNCIA

> —I'm sorry. I told Carla about the party **in all innocence**. I just assumed that she had been invited too.
> —Just check next time, right? You've left me in a difficult position.

especialista

an old hand (at something)
ser macaco velho/ veterano (em algo)

A expressão – que em inglês menciona a mão (*hand*) e em português, um "macaco" – sugere muita experiência ou muita prática com alguma coisa. Costuma ser usada em situações profissionais, acadêmicas ou esportivas.

> —We were very impressed with the workshop your people gave here last month.
> —Well, the trainers we sent you are **old hands**. They really know what they're doing, and it shows.

a proven track record (in)
experiência comprovada

Literalmente, é "uma marca demonstrável na pista de atletismo", ou seja, uma marca oficial. É usada especialmente no contexto da busca por um emprego.

> This position requires someone with **a proven track record** in medium-scale project management. The successful candidate will be...

been around the block
ser vivido
já ter visto de tudo

Esta expressão também e usada para falar de alguém com muita experiência, mas se refere a situações mais difíceis ou delicadas. Literalmente, seria "ter dado a volta no quarteirão" e é de uso muito comum nos Estados Unidos.

- You've only got to look at the photos and comments on her Facebook page to see she's **been round the block** a few times.

been there, done that
enquanto você vai com a farinha, eu volto com o bolo

Uma expressão muito, mas muito habitual, usada com certa arrogância em milhares de contextos cotidianos, filmes e séries; por exemplo, diante de situações que já vivemos, e, portanto, conhecemos bem. Repare que, apesar de termos aprendido que, em inglês, os pronomes pessoais são imprescindíveis, esta frase os dispensa.

- —Now please remember to keep the clients informed about our new product line.
  —**Been there, done that**.
  —Oh. Good.

have an eye for something
ter olho bom para alguma coisa

É uma frase quase idêntica nos dois idiomas e significa que a pessoa leva jeito para a coisa, que tem certa facilidade para fazê-la ou para encontrar bons projetos sobre o assunto.

- —I'd like to buy some art, but I'm really not sure what to buy.
  —You should talk to my friend Tim; he **has an eye for** young artists, if that's what you want.

learn the hard way
aprender a duras penas

Para nós, é muito mais coloquial: dizer "aprender na porrada", ou seja, aprender algo na prática e errando muito. Contudo, em inglês é uma frase que pode implicar um certo orgulho, pois significa que aprendemos com nossos próprios erros e apesar das dificuldades.

- —Where did you study marketing?
  —When I began, nobody studied marketing; you **learned the hard way**, by working your way up from being an office junior. Everything you guys study we had to invent.

not born yesterday
não ter nascido ontem

Igualzinha nos dois idiomas, esta expressão é usada para dizer que não é fácil nos enganar, que já temos certa experiência na vida. Pode ser usada com qualquer pessoa e em qualquer tempo verbal.

○ —And you simply register on our website to enter the prize draw.
—And that costs €30, right? And how many thousands of people register to win this €5000 prize? Sorry, mate; **I wasn't born yesterday**.

put it down to experience
valeu a experiência
serviu para aprender

O conceito desta expressão em inglês poderia ser guardar na "gaveta" da nossa experiência as coisas que dão errado, para não as repetirmos da próxima vez. Afinal, sempre aprendemos alguma coisa, por mais negativa que seja.

○ —How did your moussaka turn out last night?
—Hmm... I couldn't get the sauce to thicken, so it looked terrible, but the taste wasn't too bad. **I'll put it down to experience**.
—Maybe use more flour next time.

tried and trusted
testado e aprovado

Em inglês, as coisas não só se testam (*try*) ou se provam, mas as pessoas também confiam (*trust*) muito no resultado, no método ou projeto empregado. A frase exalta a tradição.

○ Innovation is fine, but we believe here that while our **tried and trusted** technology still gives good results, there's no need to change.

HIGH AND DRY

ÁGUA

a drop in the ocean
uma gota no oceano

Frase idêntica nos dois idiomas que nos faz pensar na insignificância de nossos esforços ou de nós mesmos. Em inglês, muitas vezes vem precedida de *just*, para indicar que somos "só" essa gotinha no oceano.

- —This aid that we're sending to help the thousands of refugees in the Middle East, isn't it just **a drop in the ocean**?
  —Not at all; every tent that arrives gives shelter to a family, and...

all at sea
à deriva

Imagine que você está no meio do mar. Para onde quer que olhe, não se vê absolutamente nada, a não ser água. Portanto, a menos que tenha noções de navegação, espera-se que você esteja perdido, que vague sem rumo, que se deixe levar e, consequentemente, esteja à deriva. É usada com o verbo *be* em qualquer tempo e forma verbal.

- It was her first time away from home, in a strange town where she knew nobody, studying a subject at university that her parents had chosen for her. Is it any surprise that she was **all at sea** for the first year?

come hell or high water
contra tudo e contra todos
haja o que houver

Mesmo que "venha o inferno ou suba a maré". É uma frase bastante dramática e um pouco formal para dizer que vamos fazer algo sem nos importarmos com as consequências. Já se usava no século XIX, e acredita-se que seja uma derivação de *between the devil and the deep blue sea*, ou seja, "entre o inferno e o profundo mar azul".

> —Will you be able to come over to Dublin for my graduation?
> —Of course, Theresa. We'll be there, **come hell or high water**.
> —That means so much to me!

drowning in a teacup
fazer tempestade em copo d'água

As expressões, equivalentes nos dois idiomas, são bem claras: quem faz tempestade em copo d'água (ou se afoga em xícara de chá, na versão inglesa) se preocupa com qualquer bobagem.

> —I always thought that she would **drown in a teacup**, but when the crisis came, she was more resourceful than most of us.

floating voters
eleitores indecisos

Há eleitores fiéis, que sempre votam em um determinado partido, e há uma grande massa de "indecisos", que, segundo todos os analistas, são os que acabam decidindo o resultado de qualquer eleição. Em inglês, são chamados de "flutuantes".

> It's the **floating voters** who really decide the result of any given general election, which is why campaigns focus on them so much.

high and dry
ficar na mão/abandonado

Quando a maré baixa, os barcos e as baleias correm o risco de ficar encalhados, ou seja, em terra firme e sem água. Evidentemente, quem fica encalhado fica abandonado, fora de seu ambiente e em uma situação bastante ruim. A isso se refere esta expressão. Há uma linda canção do Radiohead cujo título é esta expressão.

> Two of the smaller political parties changed their allegiances, leaving the minority governing party **high and dry**.

in hot water
metido em confusão
encrencado

Por mais agradável que seja a água quente no inverno, se for quente demais, pode nos escaldar. A expressão é usada especialmente quando temos de enfrentar as consequências de uma mentira ou enganação.

- When his parents found out that he hadn't been going to any of his classes at university for five months, he was really **in hot water**.

sink or swim
matar ou morrer

A expressão em inglês sugere que, se não começarmos a nadar, vamos nos afogar. Ou seja, a situação é desesperadora ou temos de apostar tudo em nossa capacidade de agir para tentar sobreviver.

- Okay, listen up, everyone: you know how serious our situation is. This is a **sink or swim** moment in our history, so don't forget that when you listen to my proposals.

the tide is turning
a maré está mudando

Quando a maré muda, a água que ia em uma direção toma outro rumo e a dinâmica ou a tendência das coisas se altera. Essa expressão costuma ser usada em um contexto positivo, para dizer que algo que não vai bem está prestes a mudar ou já está mudando.

- —Finally, you've had a run of good results: two wins and two draws.
  —Yes, the first half of the season was pretty hard for us, but **the tide is turning**, as I always said it would.

worse things happen at sea
já vi coisa pior

Expressão de origem marítima usada para relativizar uma desgraça ocorrida em terra. Vem da época em que os marinheiros e pescadores se perdiam com frequência.

- —When there was a fire at the power station and we had a power cut, all Mum could say was "**Worse things happen at sea**, my dear." It didn't help my mood at all.

IF ONLY

FÁCIL OU DIFÍCIL

tentativa

(there's) no harm in trying
não custa nada tentar

Uma frase muito parecida nos dois idiomas e que nos incita a arriscar, pois o "não", nós já o temos. Costuma ser utilizada quando as oportunidades de sucesso são poucas, e, portanto, não importa que o resultado seja negativo.

- —My university marks really aren't good enough for me to get an Erasmus scholarship.
  —Well, **there's no harm in trying**, is there?

give it a go!
tente!

Costuma ser usada no imperativo para incitar alguém a tentar ou experimentar algo. Neste caso, usa-se *go* como substantivo, que pode ser traduzido por "tentativa".

- She doesn't think she has the experience needed for the position of regional manager but I urged her to **give it a go.** I mean, what has she got to lose?

fácil

(as) smooth as silk
é moleza

"Suave como seda." É usada em referência a algo que não exige ou não exigiu esforço nenhum, que se realiza sem passar por obstáculos nem contratempos.

- The very first week we got to Australia we found a flat, a job and met a bunch of nice people. I'd say that our adaptation to life there has been **as smooth as silk.**

easy-peasy
facinho, facinho

"Easy-peasy" evoca a maneira de falar das crianças, que costumam aprender as coisas com rimas, porque assim é muito mais fácil relembrá-las. É uma expressão muito coloquial.

- If you think that coming to this country to find a job is going to be **easy-peasy**, then you're mistaken.

like falling off a log
as easy as falling off a log
brincadeira de criança

Em inglês se diz que algo é "fácil como cair de um tronco". Sem dúvida, por mais doloroso que seja, ainda é mais fácil cair de um tronco que se livrar da baba do quiabo.

- —Can you teach me how to do that?
  —Sure. It's **as easy as falling off a log.**

nothing succeeds like success
sucesso leva ao sucesso

"Nada triunfa como o sucesso" ou, em outras palavras, para ter sucesso é preciso ter sucesso. Mas não existem atalhos nem fórmulas mágicas. É uma frase muito habitual nos Estados Unidos, onde o sucesso é uma grande obsessão. No filme *Beleza americana*, Carolyn adorava uma variante desta expressão. Dizia: *"In order to be successful, one must project an image of success"*.

> —Is it true the company you work for has a mission statement that says, "**Nothing succeeds like success**"?
> —Yes, why?
> —Maybe you could tell me if it means anything.

difícil

by the skin of your teeth
por um triz
por pouco

Resultado apertado, muito apertado, na verdade, foi "pela pele dos dentes", tão fina que sequer existe.

> —Did you make it to the station on time?
> —**By the skin of our teeth**. All the traffic lights in the world were red. But we made it. Just.

hanging by a thread
por um fio

A expressão é a mesma nas duas línguas. Usada quando uma situação é desesperadora, e, diante dela, temos poucas esperanças ou maus presságios.

> After Saturday's defeat, our hopes of winning the league are **hanging by a thread**. Our opponents would have to lose their next two matches.

have quite a job doing something
ser trabalhoso
dar muito trabalho

"Ter muito trabalho para fazer alguma coisa", diz a expressão em inglês. E significa que não foi nada fácil, claro. É coloquial, e podemos usá-la em qualquer tempo verbal.

> —I **had quite a job finding** your house. All the streets here seem to have the same name.
> —Yes, but one is *Avenida*, one is *Calle* and one is *Plaza*.

have your work cut out for you
ter muito trabalho pela frente

Literalmente, significa "ter o trabalho já cortado" e é de origem têxtil; vem das fábricas onde as peças cortadas aguardavam ser montadas para que fossem feitas as roupas. É usada quando se tem uma tarefa imensamente difícil pela frente.

> O You're going to **have your work cut out for you** with these people; they're not easy to deal with.

it's a tall order
pedir demais

Expressão usada para dizer que estão nos pedindo demais, que a coisa vai dar trabalho. Em português, também a usamos na frase negativa "se não for pedir demais...", enquanto em inglês quase sempre é afirmativa. Repare na repetição do som vocálico nas duas últimas palavras.

> O —There will be 15 people for lunch tomorrow instead of 5. Will that be a problem?
> —Fifteen? That's a bit of **a tall order**, but I'll do my best. Maybe I can get some help.

on a knife edge
em jogo

Neste caso, não estamos mais pairando sobre o abismo pendurados por um fio (se bem que a expressão tem esse sentido), e sim no fio da navalha, de onde podemos sair incólumes ou retalhados.

> O The decision is really **on a knife-edge**. 14 EU member states have said they will support the new proposals, and 14 are opposed. The future of the EU is hanging in the balance.

on a wing and a prayer
por milagre

É uma expressão usada quando chegamos a um momento decisivo já no limite das forças. Tem origem na Primeira Guerra Mundial, por causa dos aviões que chegavam "só com uma asa e uma oração", porque rezar era a única coisa que restava ao piloto fazer quando o avião perdia uma asa.

> All the opinion polls suggest that our party will do very badly in Sunday's General Election, but what can we do about it now? We're going into this election **on a wing and a prayer**, hoping that the other parties will do even worse.

missão impossível

call it a day
vamos ficar por aqui

Frase muito corriqueira e bastante coloquial usada para dizer que não podemos continuar com algo e que vamos dar um tempo ou largar tudo. É muito usada depois de um longo dia de trabalho.

> —I don't think we can make any more progress on this until they send us the graphics. Let's **call it a day** for now, go home.

chance would be a fine thing!
quem me dera!

É uma expressão bastante retórica. Poderia ser traduzida por: "Se houvesse alguma chance, seria maravilhoso". Evidentemente, nós a utilizamos quando essa possibilidade não existe.

> —Any chance of you coming across to Canada for a visit?
> —**Chance would be a fine thing**! Maybe next year, when I've got my master's finished.

dream on!
vá sonhando!

Idêntica nos dois idiomas, esta expressão é usada em sentido irônico, quando temos a impressão de que alguém está falando bobagem ou viajando um pouco em seus sonhos ou aspirações.

> So you still think you're going to a get a place at Oxford? With your academic record? **Dream on!**

don't waste your breath
não perca seu tempo

Literalmente, "não desperdice o fôlego". É bastante direta e geralmente usada quando parece inútil tentar convencer uma outra pessoa.

- I know you have the best intentions in the world, but please **don't waste your breath**. What he's done is unforgiveable and there's no going back, ever.

if only!
quem me dera!

Usamos esta frase no caso de desejos irrealizáveis ou coisas totalmente impossíveis. Se quiser acrescentar algo depois, não se esqueça de seguir a mesma regra de *I wish*, ou seja, coloque o próximo verbo no pretérito.

- —I'd like to be where you are now.
  —To be here, or to be with me?
  —With you.
  —**If only!**

(it's) like looking for a needle in a haystack
é como procurar uma agulha no palheiro

Frase idêntica em inglês e português. Encontrar uma agulha em um palheiro é impossível... a não ser que, pela lei de Murphy, você se deite para descansar e acabe espetando a bunda.

- They spent weeks searching in the Indian Ocean for the missing plane, but as the searchers later admitted, it was **like looking for a needle in a haystack**.

no point / sense (in) trying
não adianta tentar

Duas versões da mesma frase, usada quando já não há mais nada a fazer, quando não vale a pena insistir, porque não alcançaremos nosso objetivo.

- —This isn't your work, is it?
  —Yes, it is!
  —No. You copied it. It's plagiarised from the Internet. Look, here's the original article. There's **no point in trying** to deny it.

SOUR GRAPES

FELIZ OU NÃO

agradar ou ser agradado

as you please
as you wish
como quiser
seu desejo é uma ordem

Os fãs de *A princesa prometida* devem estar mais que familiarizados com *as you wish*. Em sentido literal, significa que você pode escolher a opção que quiser, mas, com uma leve mudança na entonação, a frase pode ser usada para indicar surpresa ou desaprovação à escolha do outro. A propósito, o filme dava à expressão um outro sentido, que não vamos revelar para não estragar a surpresa, caso você não o tenha visto ainda.

- Now that you've created an on-line profile, you can organise your home page **as you please**.

business before pleasure
primeiro o dever,
depois o prazer

Outra expressão idêntica em inglês e em português. Significa que o prazer é legal, mas devemos sempre cumprir primeiro as obrigações, sejam quais forem.

- —Would you like to have lunch before we sign the contract?
  —**Business before pleasure**, my friend.

please the eye, and plague the heart
fazer bem aos olhos, mas mal ao coração

Em inglês, é uma citação de William Cobbett, pensador e jornalista do século XVIII que aconselhava os jovens a não se deixar seduzir pela beleza e que procurassem algo mais em seu futuro cônjuge. Como se pode ver, é uma frase formal que nenhum adolescente usaria.

○ —Yes, she's beautiful, but will she make you happy? You know what they say: **please the eye and plague the heart**.
—Oh, Mum, that's so old-fashioned! This is the 21st century.

you can't please everyone
não se pode agradar a todos

Uma verdade incontestável que muitas vezes nos parece difícil aplicar, especialmente quando somos jovens.

○ —Have you got the feedback on the presentation?
—Yes, 70% positive, and 30% negative.
—Just goes to show **you can't please everyone**, doesn't it?

feliz

a good time was had by all
todo mundo se divertiu

A expressão é popular por ser o título de uma coleção de poemas de Stevie Smith, de 1937, mas já antes disso era uma maneira habitual de dar por encerradas as atividades de algumas paróquias. É um tanto formal devido à sua estrutura, já que o normal seria dizer: *Everybody had a good time*.

○ —How was the barbeque at Ana's place on Saturday?
—Brilliant. **A good time was had by all**. Pity you couldn't make it.

(as) pleased as punch
feliz da vida

Punch e Judy são um casal de marionetes infantis muito conhecido na cultura britânica. Oferecem um espetáculo violento, com surras e mortes, mas que costuma ser muito engraçado (como Tom e Jerry, para você ter uma ideia). Portanto, a frase é usada quando alguém está muito contente ou feliz por alguma coisa.

- —How did your boyfriend take the news that you're pregnant?
  —Oh, he's **as pleased as punch**.

eat, drink and be merry
comer, beber e curtir a vida

Expressão que fala de aproveitar o momento. O adjetivo *merry* talvez faça você se lembrar de *Merry Christmas* e dos companheiros de Robin Hood (*his merry men*), além de ser o mais alegre dos primos de Frodo Bolseiro.

- —So what are your plans for the holidays?
  —Mainly to **eat, drink and be merry**.

live today and die tomorrow
aproveite enquanto está vivo

Temos de aproveitar o momento, porque, segundo esta expressão, amanhã mesmo podemos esticar as canelas, e acabou-se o que era doce.

- —Now that you've got a proper job, are you managing to save any money, son?
  —Oh, Dad! **Live today and die tomorrow**. You can't take it with you, you know.

this is the life!
isso é que é vida!

É o que se diz com um mojito na mão e os pés na piscina... ou em qualquer outro momento sossegado e agradável.

- —**This is the life**, isn't it, watching the sunset here on this beach with a pisco sour.
  —Well enjoy it while you can; you'll be back at work on Monday morning.
  —Why must you always do that?
  —Do what?

infeliz

it's / that's the story of my life
é a história da minha vida
é sempre a mesma coisa

Esta frase, que dá título a uma canção da banda The Velvet Underground, é usada para indicar a repetição de episódios desagradáveis ou para dizer a seu interlocutor que isso de que ele tanto se queixa também acontece com você.

- Every time I think I've found the perfect man, he finds that he "can't commit to anyone at the present moment." **It's the story of my life!**

sour grapes
verde de inveja

Literalmente, "uvas azedas". Se você já comeu uma uva azeda na frente do espelho, então sabe a que a frase se refere. É usada quando alguém não demonstra espírito esportivo diante da vitória de um rival, geralmente por inveja.

- —Have you noticed now Noemi's always criticizing the head of department?
  —Yes, the thing is, she applied for the same job, and didn't get it.
  —**Sour grapes** then.
  —Yeah.

such is life
a vida é assim

É um coringa que expressa resignação quando algo não muito bom acontece, ou então nos deixa em situação idêntica ou pior que antes. Também podemos usá-la em situação contrária, quando sentem inveja de nós. Nesse caso, é usada com ironia.

- —I'd had a good day. I'd made €250 but that was for a full day's work. Then I parked my car near my friend's house, and when I went to get it the next morning, it had been towed away. It cost me €225 to get it back!
  —**Such is life**, my friend!

SHAKE A LEG!

FREAR OU ACELERAR

pisando fundo

go viral
viralizar

Quando um vídeo se espalha pela internet, dizemos que *it goes viral*. Ou seja, viraliza, pois todo mundo o vê ou baixa, fazendo com que se propague feito uma epidemia. Os vídeos virais costumam ser engraçados ou de denúncia e podem proceder de gravações profissionais ou amadoras.

- Within hours, an image or a video clip nowadays can **go viral** and be read or seen by millions of people all over the world on their computers, tablets or phones.

running / racing around like a blue-arsed fly
correr como um louco

Literalmente, é "correr para cá e para lá feito mosca de bunda azul" e faz referência a qualquer atividade frenética. Expressão britânica, bastante vulgar, mas aceitável.

- —Oh, you look as if you need to sit down,
  —Indeed I do; I've been **running around like a blue-arsed fly** all day!

acorde!

get on your bike!
acorde!
mexa-se!
depressa!

É um modo de dizer a alguém que acorde e se mexa. Certa vez, um célebre ministro conservador disse isso aos desempregados do Reino Unido, para que fossem procurar trabalho. É informal, mas não vulgar, e muito habitual na Escócia. Dependendo da entonação, pode ter um valor pejorativo, no sentido de "qual é?!".

- **Get on your bike!** The match starts in an hour and there'll be a lot of traffic. I don't want to miss the start.

rattle your dags!
mexa-se!
mexa essa bunda!

É uma frase muito comum e informal na Nova Zelândia, onde todos sabem que as ovelhas têm um "erro de design": quando suas caudas (*dags*) não são amputadas, as fezes ficam grudadas no corpo, solidificam e passam a fazer barulho (*rattle*) quando os animais andam. Portanto, os neozelandeses querem dizer, basicamente, para mexermos a bunda.

- —Come on Carl, **rattle your dags!** Everyone's waiting!
  —Give me five minutes, will you?

shake a leg!
acorde!
depressa!
vamos!
mexa-se!

Esta frase, muito comum no inglês britânico e irlandês, significa literalmente "agitar uma perna". É um imperativo informal e familiar usado para dizer a alguém que acorde e se apresse.

- Hey kids, it's time for school! **Shake a leg!** I want to see you down here in two minutes.

devagar, devagar

rest on your laurels
dormir sobre os louros

É similar à frase em português e tem a mesma origem: a coroa de louros que se entregava aos vencedores nos jogos olímpicos atenienses ou aos imperadores romanos. É usada quando alguém pretende se acomodar depois de obter certo sucesso.

- She was the best sales representative the company had last year, and they gave her a free trip to B, but since then she seems to be **resting on her laurels**, and the company's not very happy at all with her latest results.

sit something out
não, obrigado

É uma das respostas corretas quando nos convidam a fazer algo que não queremos fazer. Literalmente, significa "ficar sentado durante algo" e faz referência aos bailes nos quais os homens convidavam as mulheres para dançar.

- —Come and dance!
  —I'll **sit this one out**, I can't dance salsa.

sem trégua

no rest for the wicked
não haverá paz para os ímpios/malvados

É usada em autorreferência com certa ironia. Segundo a Bíblia, os pecadores estão condenados a não ter paz no inferno, e daí surgiu a frase.

- —Well it's been nice having a coffee with you.
  —I'd better get back to work too. **No rest for the wicked**, is there?

DRAW A LINE IN THE SAND

FRONTEIRAS E LIMITES

draw a line in the sand
impor um limite

Em inglês, a expressão significa "traçar uma linha na areia", ou seja, deixar claro que daí não se pode passar. É usada muito em política ou para falar de temas nos quais a ética e os valores têm um papel importante.

- We call on other nations to join with us and **draw a line in the sand** and show Russia that this aggression towards other countries is not acceptable.

out of bounds
proibido
não permitido

Originalmente, a área "fora do limite" era a parte do pátio da escola onde as crianças não podiam brincar, mas, atualmente, a frase é usada para qualquer tipo de opção que tenha sido vetada, praticamente em qualquer contexto.

- After what happened on Friday night, you are not going downtown again for six months. Do you hear me? It's completely **out of bounds**!
—Yes, Mum.

the point of no return
não tem mais volta

Indica que não se pode mais voltar atrás na decisão, que o problema não tem mais remédio e agora é preciso arcar com as consequências.

- I think we've reached **the point of no return**. We promised the voters that we'd act to limit these tourist apartments, and despite the difficulties it would be political suicide not to do so.

the sky is the limit
o céu é o limite

Se o céu é o limite, é como se não existisse limite algum. É uma frase muito otimista que indica que poderemos fazer o que quisermos, que não há cume que não possamos conquistar. Pode ser encontrada em outros tempos verbais, mas quase sempre é usada no *present simple*.

- —You can't help feeling that for this team, **the sky's the limit**.
  —Yes, the future looks bright; they've got a good combination of youth and experience.

the world is at your feet
o mundo a seus pés

Quem tem o mundo a seus pés consegue tudo que quer, fale inglês ou português. Evidentemente, a frase pode ser usada com qualquer pronome possessivo e em qualquer tempo verbal.

- My parents used to tell me, "With a university degree, **the world is at your feet**." But look at me, unemployed since I graduated.

the world is your oyster
o mundo é todo seu

Esta expressão tem um significado similar ao da anterior, mas se refere a ter todas as oportunidades do mundo: é só escolher. Foi tirada de Shakespeare, de *As alegres comadres de Windsor*, e sua versão original tinha uma conotação violenta, de agarrar as oportunidades à força, que foi se perdendo com o tempo.

- Look at you; you speak English, Spanish, Arabic and Chinese. **The world is your oyster**.

IT'S MY TREAT

DINHEIRO

caro

daylight robbery
isso é um roubo

Expressão que todos usamos em algum momento quando nos indignamos com o preço das coisas, especialmente quando alguém aproveita uma situação delicada para lucrar. Curiosamente, em inglês, o "roubo" é à luz do dia. A ênfase recai sobre *day* e *rob*.

- There was only one place that had drinks there, and they charged €4.50 for a small bottle of water. It was **daylight robbery**!

it cost an arm and a leg
custar os olhos da cara

Vemos que, em diferentes culturas, os diversos órgãos e membros do corpo têm valores distintos. O que para nós custa os olhos, para os anglófonos custa um braço e uma perna.

- —It's a nice apartment. Can I ask you how much you paid for it?
  —**It cost an arm and a leg**.
  —Yes, but how much?

they saw you coming
aproveitar-se de alguém

Cuidado, porque esta frase não é o que parece, ou seja, não significa "viram você chegando", e sim que se aproveitaram de você. Não implica necessariamente um golpe – embora também possa ser –, e sim que é provável, por exemplo, que lhe tenham vendido muito mais do que você queria. A ênfase recai sobre *you*.

○ —That new Greek vase is nice.
  —Yes, I picked it up in Athens. It's a replica of a classical piece, only €125.
  —**They saw you coming**, didn't they? For that price it should be the original!

dinheiro para todos os gostos

a penny saved is a penny earned
qualquer moedinha conta

Economizar é importante, por menos que seja, de modo que não importa se falamos de um *penny*, dez ou vinte centavos de euro: toda moedinha conta.

○ —He's very price-sensitive when he shops; he looks at the price labels of everything to try to save a couple of euros.
  —But he's right; **a penny saved is a penny earned**.

lend your money and lose your friend
quem empresta dinheiro perde o amigo e o dinheiro

É melhor não misturar certas coisas, como água e óleo ou dinheiro e amigos. A frase em inglês deixa claro: "empreste dinheiro e perca o amigo". Repare na simetria da frase.

○ —Do you know the expression "**Lend your money and lose your friend**"?
  —Yes.
  —Do you agree with it?
  —Why?

never marry for money, but marry where money is
não se case por dinheiro, mas não se case sem dinheiro

Conselho típico dos pais a seus filhos: mesmo que não se casem por dinheiro, que procurem um pretendente rico, porque existe certa relação entre felicidade e dinheiro. Note a multiplicação da consoante *m*.

- —My father always used to tell me, "**Never marry for money, but marry where money is**."
  —And did you?
  —Yes, darling.

there's no such thing as a free lunch
nada na vida vem de graça

A frase em inglês diz que "não existe almoço grátis", porque, durante o século XIX, alguns bares dos Estados Unidos prometiam um prato de graça para acompanhar a bebida. Evidentemente, o preço da comida estava incluído no da bebida. A frase é usada para alertar os ingênuos.

- —What's that flyer?
  —A special offer bus trip with gifts and lunch included, for people over 65.
  —Yes, they take you to "museums" that are in fact shops where you buy things, and they do presentations of encyclopedias that you also end up buying.
  —Right, **there's no such thing as a free lunch**.

take it with you
vai levar tudo para a cova

É a expressão que costumam usar os parentes do tio velho, rico, solteiro e apegado ao dinheiro. Para que ele quer tanta grana se mortalha não tem bolso? Normalmente, a frase é usada por pura inveja.

- Until her 80s, she was still doing everything possible to accumulate capital. She knew **she couldn't take it with her**, but that wasn't important to her.

DINHEIRO

rachar a conta

go halves
rachar a conta

Ou "às metades", como diz literalmente a frase em inglês. Em português, rachamos a conta, ou seja, dividimos o preço entre todos os que usufruíram do serviço.

○ —Let me pay, Lisa.
—No, no, Hassan, you're in my country now, and here we **go halves** on the bill.
—*Women too?*

have a kitty
put money in the kitty
fundo comunitário

Até parece que sim, mas não tem nada a ver com gatinhos nem cofrinhos. Refere-se ao fundo comunitário criado por um grupo de pessoas quando vão fazer uma viagem ou excursão.

○ The problem was that we all wanted to **put** £250 **in the kitty** each for meals and accommodation, and Anne thought that was too much.

it's my treat
é por minha conta
eu estou convidando

Em inglês, o verbo *invite* também existe, mas não para indicar quem paga a conta, e sim como convite para acompanhar alguém a algum lugar ou evento. Se quisermos deixar bem claro que vamos pagar a conta, teremos de usar esta expressão. Também se pode dizer *It's on me*.

○ —So let's have a look at the bill. Okay, it's €105, so that's, er, €35 each.
—No, no, no. Give it to me. **It's my treat**. I insist.

pay through the nose
(for something)
pagar mais do que vale

Frase utilizada quando pagamos o que uma coisa vale e mais um pouco, por um motivo qualquer, e a relação qualidade-preço é ruim.

> We didn't buy our flights until quite late, and we ended up **paying through the nose for them**. Next time we'll know better.

relação qualidade-preço

fair dinkum
justo

Dinkum é uma palavra própria do inglês australiano e neozelandês. Significa "autêntico", "genuíno", e, portanto, fair *dinkum* é usada para indicar que algo é certo, real ou aceitável.

> —How much did you pay for that boat?
> —A thousand bucks.
> —**Fair dinkum**?
> —Yeah, got me a bargain. I reckon.

get your money's worth
valer cada centavo

Esta frase não é mais usada como argumento pelos vendedores. É uma expressão que os clientes costumam usar com o sentido de tirar o máximo proveito do dinheiro investido.

> You mean this fabulous buffet lunch only costs €10? You certainly **get your money's worth here**.

nobody ever regretted buying quality
é caro, mas de qualidade

Esta expressão, sem equivalente exato em português, é usada para justificar um preço bastante alto. Note que dizemos *ever*, e não *never*, já que em inglês não se usa a dupla negativa.

> —How much did you actually spend on the interior design of these offices?
> —I didn't go for the cheapest option, for sure. But **nobody ever regretted buying quality**.

quality comes at a price
qualidade tem preço

Idêntica em português e inglês, é a típica justificativa que nos dá uma grife de luxo para cobrar um dinheirão por seus produtos.

DINHEIRO

> ○ —How is it that this cured ham costs €25 a kilo and this one costs €65?
> —**Quality comes at a price**, sir.

you get what you pay for
por esse preço, o que você esperava?

A expressão implica uma péssima relação qualidade-preço. A frase tem sempre conotação negativa, como em "você sabia bem o que estava comprando".

> ○ —I asked for a glass of water on my Bryan-air flight, to take my medication, and they wanted me to pay for it!
> —Are you surprised? With airlines, *you get what you pay for*.

riqueza

(be) rolling in it
nadando em dinheiro

Expressão que usamos quando alguém nada em dinheiro ou, como se diz em inglês, "rola nele". Costuma ser usada com uma certa inveja.

> ○ —I'd like to sell them this painting, but I don't know if £2500 is too much to ask What do you think?
> —Go ahead; you could even ask for £3000. They'**re rolling in it**.

living off the fat of the land
viver como um rei/rainha/ príncipe/princesa

A frase original é uma expressão bíblica que fala de viver dos recursos da terra. Refere-se a viver bem e com abundância; às vezes tem um leve tom de crítica.

> ○ You've got these people here **living off the fat of the land**, and all these other people who haven't even got access to water or basic sanitation.

ALL IN GOOD TIME

FALAR DE TEMPO

about time!
about time too!
not before time!
já era hora!
já não era sem tempo!
até que enfim!

Expressões muito comuns que podem ser combinadas com o verbo *be*. Como em português, são usadas com alívio, irritação ou deboche.

- —The Government have set up an independent body to oversee spending by local authorities.
  —**About time too!**

all too often
com frequência

Uma expressão que usamos também em português, mas que, em inglês, sempre introduz uma opinião negativa. Em muitos contextos, pode ser traduzida diretamente por "infelizmente".

- **All too often** people continue to go to work when they have the first symptoms of flu, which means that the quality of their work suffers and their workmates run the risk of being infected.

as ever
como sempre

Expressão muito concisa e clara usada em contextos positivos e negativos. Sinônimo de *as always*.

- The workshop you gave today was excellent, **as ever**. We hope you can come back next year.

a thing of the past
coisa do passado

Algo que acabou, faz parte do passado, já não se usa mais ou está fora de moda. Exatamente como em português.

- Desktop computers as we know them will soon be **a thing of the past**. In 20 years they might not even exist.

a watched pot never boils
panela vigiada não ferve

Quando estamos ansiosos, parece que a coisa pela qual esperamos demora muito mais a acontecer. Por exemplo, quando temos de pegar um trem, nos apressamos para chegar à estação e a espera parece eterna.

- Why don't you help with cooking some of these other things? Don't you know that **a watched pot never boils**?

dead time
tempo improdutivo
down time
horas mortas

Há uma leve diferença entre as duas expressões. No primeiro caso, trata-se de um intervalo de tempo que não há como aproveitar. No segundo, as horas mortas são resultado de algo que nos impede de fazer nosso trabalho.

- In an interview with *Time Out*, Mick Jagger commented ahead of the Stones' first gig in Abu Dhabi that being on stage is great, but there is always a lot of **down time** when the band is on tour.

every other day
dia sim, dia não

Não é nada intuitivo, mas a expressão em inglês significa a cada dois dias. É usada de maneira literal, para marcar uma periodicidade, mas também pode ser usada para dizer que fazemos algo com frequência.

- You'll need to water this plant **every other day** in summer, once a week in winter.

in broad daylight
em plena luz do dia

Deixamos claro que alguma coisa acontece à vista de todo mundo, e normalmente usamos esta expressão quando essa coisa é desagradável, escandalosa ou delituosa.

○ —What's the world coming to? Now you have boys kissing boys and girls kissing girls in the streets and **in broad daylight!**
—It's just love, that's all it is.

in the dead of night
na calada da noite

O adjetivo *dead* não indica que a noite morreu, e sim que se trata do momento mais escuro e solitário da noite, e não "de noite" e pronto. Típica frase de livro de mistério ou filme de terror.

○ —Someone came and spray-painted these horrible things on our wall **in the dead of night**.
—And no-one saw or heard anything?
—Apparently not.

in the right place at the right time
no lugar certo na hora certa

Uma das frases mais cinematográficas que existem e que você já deve ter lido ou ouvido milhares de vezes em livros e filmes. A expressão não varia e o adjetivo se repete.

○ —How did you manage to get such an incredible photo?
—I was **in the right place at the right time**.

(it's) now or never
é agora ou nunca

Já dizia Elvis: "é agora ou nunca". É preciso tomar uma decisão, porque só temos uma oportunidade, e depois será tarde demais.

○ —Well, **it's now or never**, honey. Are you ready?
—I am if you are.

next thing you know
e então
e de repente

Uma expressão muito utilizada que significa, literalmente, "a próxima coisa de que você se dá conta", para indicar que algo acontece tão rapidamente que você nem percebe ou não tem tempo de reagir.

- So he came to the taxi with me to say goodbye, and **the next thing you know**, he jumped in and said "Take me with you".

our day will come
nosso dia chegará

Pode ser que tenhamos passado despercebidos até agora, mas nosso momento de triunfo há de chegar. A expressão é o título de uma canção de 1963 que Amy Winehouse chegou a regravar.

- We have to accept this present defeat for what it means. But friends, do not give up hope, for **our day will come**.

sign of the times
sinal dos tempos

É uma expressão bíblica que fala das coisas que são habituais em determinado momento, dos sinais que indicam que a realidade é de uma certa maneira.

- Dez pessoas esperam à porta de um supermercado, às 9:00 da manhã, pelos produtos alimentícios com prazo de validade vencido que serão descartados. Elas vasculham os cestos de lixo, de onde retiram a comida para levar para casa. **Sinal dos tempos**.

the good old days
os bons e velhos tempos

"Os bons e velhos tempos", ou seja, tudo era melhor no passado. É usada com saudosismo para recordar tempos melhores, mas podemos usar *bad* no lugar de *good* e mudar totalmente o sentido da frase.

- —In **the good old days**, you could make racist jokes and no-one would get offended, right?
  —Right, right.

time after time
vez após vez

Um grande sucesso de Cyndi Lauper, também gravado pelo grande Miles Davis, e que certamente você sabe cantarolar. É usada para indicar que algo acontece com certa frequência, mas sem juízo de valor, nem positivo nem negativo.

- You say the government ignores public opinion, but let me tell you, **time after time**, we have consulted stakeholders on important social issues before passing legislation.

time critical
urgente, impreterível

É usada como adjetivo para indicar que há uma data-limite que não pode ser alterada. A expressão é utilizada para apressar alguém.

- Ms Baker, my client will only be in the UK for one day, so the logistics for this interview is **time critical**.

time is money
tempo é dinheiro

Como para nós, em inglês "tempo" também "é dinheiro". A frase inglesa foi cunhada por Benjamin Franklin em um ensaio no qual dava conselhos sobre microeconomia.

- —Where are the catalogues you promised me for today?
  —Sorry, we need two more days to get them printed.
  —That's not good enough! **Time's money**, you know. Every day they're not distributed costs me money.

time is on our side
o tempo está do nosso lado

Às vezes não temos pressa, dispomos de muito tempo para preparar algo com paciência e buscando o melhor resultado possível. São esses casos em que "o tempo está do nosso lado", ou seja, temos tempo de sobra para fazer as coisas direito. Note a repetição do ditongo *ai* em *time / side*.

- —We don't need to rush production of these textiles, as they're for the winter market.
  —Yes, but I'm not sure **that time is on our side.** We could launch them in the southern hemisphere market sooner.

time is of the essence
o tempo é vital
não há tempo a perder

É uma expressão usada para apressar alguém, mas de maneira muito formal. Costuma ser usada em acordos, contratos e outros contextos empresariais.

- Let me make it clear that **time is of the essence** here; we have a deadline to meet.

work around the clock
trabalhar dia e noite
dar o sangue

"Trabalhar todas as horas do relógio" (*around the clock* refere-se ao percurso completo dos ponteiros do relógio) pode ser usada literalmente, se aplicada a um *workaholic*, mas costuma ser usada metaforicamente para falar de pessoas que fazem um grande esforço para que algo dê certo.

- —And now we go live to David Crawford, who's at the scene of the crash.
  —Well, as you can see behind me, rescue workers are **working round the clock** to pull survivors from the wreckage. The train was full of passengers going...

ALL SMOKE AND MIRRORS

HONRADEZ

all smoke and mirrors
puro teatro

Fumaça e espelhos são recursos dos quais se valem os ilusionistas para nos fazer acreditar em algo que não é verdade, para nos enganar. Assim, quando dizemos que alguém ou algo é "fumaça e espelhos", já imaginamos que boa coisa não é.

- —The world of international finance has become **all smoke and mirrors**, wouldn't you say, Senator?
  —Well, that's not exactly true.

a man of his word
um homem de palavra

Também se pode dizer o mesmo de uma mulher mudando *man/his* por *woman/her*. Indica que a pessoa em questão é alguém que cumpre o que diz. Pode ser usada em primeira ou segunda pessoa, porém o mais habitual é vê-la na terceira.

- —Are you sure Bob will do it?
  —Well, if Bob said he'd do it, he will. He's **a man of his word**.

declare an interest
ser parte interessada

Pode parecer inacreditável, mas acontece às vezes de alguém admitir que é parte interessada em uma negociação, ou seja, que há um conflito de interesses.

○ I'm afraid I have to **declare an interest**: one of the candidates for the job is my partner. So it's best not to include me in your decision-making.

honesty is the best policy
a honestidade é a melhor política

Idêntica nos dois idiomas. É algo que todos os políticos afirmam, mas não colocam em prática.

○ —At work we have a policy of absolute honesty between management and staff. They really believe that **honesty is the best policy**.

keep your nose / hands clean
*ter as mãos limpas
não sujar as mãos*

Em inglês, podemos ter as mãos limpas ou o nariz limpo, e o sentido é o mesmo: somos de confiança, honrados, não ficamos com nada que não nos pertença nem praticamos ações duvidosas.

○ —It must be difficult in the world of politics to **keep your nose clean**.
—Depends on the country, surely. Finland is not the same as Greece.

make a clean breast of it
desabafar
come clean
confessar

"Limpar o peito" e "limpar-se" é como poderíamos traduzir literalmente estas duas expressões em inglês. Todos nós conhecemos a sensação de guardar um segredo que nos corrói por dentro e nos oprime o peito, até que um dia decidimos pô-lo para fora.

○ There was a famous case here when a retired politician decided to **make a clean breast of it** and admitted that he had been hiding money in Switzerland for over 30 years.

NOT THE END OF THE WORLD

IMPORTÂNCIA RELATIVA

no harm done
não foi nada

Literalmente é "não houve dano algum" e se usa também para atenuar a gravidade de um assunto.

- —Sorry, I've just broken your ceramic bowl!
  —Don't worry, **there's no harm done**. I can maybe get a new one next time I go on holiday to Marrakech.

not worth losing (any) sleep over
não vale a pena perder o sono por algo

Frase que diminui a relevância de qualquer assunto. Significa que nada é tão importante a ponto de nos manter acordados a noite toda, quebrando a cabeça.

- —I don't know why she's treating me like this!
  —Hey, it's **not worth losing any sleep over**.
  —Easy for *you* to say that!

the pecking order
a hierarquia

Se prestarmos atenção à cadeia trófica, veremos que muitos animais se alimentam de outros seguindo uma estrita ordem hierárquica. A frase em inglês faz referência justamente a essa pirâmide (*peck* significa "bicar") e deixa claro que todos nós sabemos qual é nossa posição dentro de qualquer grupo.

- They made us understand that if we helped them more in their effort to take over the country, we would be further up **the pecking order** when it came to dividing up the business opportunities.

WINGING IT

IMPROVISAR OU PLANEJAR

no ponto

all systems go *tudo pronto*	Uma expressão muito habitual nas séries de ficção científica ou de ação. Faz referência a um maquinário de precisão que está pronto para começar a trabalhar.

> O As we begin the countdown to the Olympic Games, we ask the organisers if it's **all systems go**, or not.

are we good to go? *tudo pronto?* *todo mundo pronto?*	É uma maneira muito coloquial de perguntar se está tudo preparado. Atenção, porque muitas vezes é uma maneira elegante de perguntar a outra pessoa se ela está pronta, utilizando o *we* para não fazer pressão

> O —Okay, I've got all my stuff now; Natasha and Mandeep, **are we good to go**?
> —Yes, we've been waiting for you.

down to the last detail *nos mínimos detalhes*	Outra frase idêntica nos dois idiomas que também indica um grau de preparação incrível e minucioso.

> —Gemma, you're a wedding organiser; is it important for everything to be planned **down to the last detail**?
> —From our point of view, yes, but not so much for the couple, and the guests.

(have) everything in place
(estar com) tudo a postos

É usada da mesma maneira em português e inglês, aplicando-se a projetos nos quais tudo está sob controle e pronto faz muito tempo. Pode ser usada sem o verbo.

> I'd just like to say that **everything is** now **in place** for tomorrow's Opening Ceremony. All we need now is a good night's sleep.

devagar e sempre

let's see how it goes
vamos ver no que dá

Expressões muito comuns tanto em inglês quanto em português; ambas indicam que a sorte foi lançada, que não podemos fazer mais nada e que logo veremos como as coisas vão se desenrolar.

> Now, I think everything's plugged in and connected up, so we should have TV, DVD, Internet, wifi and phones now working. Okay, hit the power and **let's see how it goes**.... Hmm, nothing. That's interesting.

see which way the cat jumps
ver de que lado o vento sopra

Em inglês se vê "para onde pula o gato", mas o significado é o mesmo que em português: ver como as coisas se desenrolam antes de tomar uma decisão.

> Of course we have a plan B, but I think it's best to **see which way the cat jumps** before we act.

improvisar

at the drop of a hat
em um piscar de olhos

Não sabemos se uma piscadela é mais rápida que a queda de um chapéu na ventania. A questão é que a expressão significa de uma hora para outra, sem tempo para se preparar.

- It's easy for you to suggest a weekend in Corfu, but I can't do that **at the drop of a hat**. I've got two kids, remember?

asleep at the wheel
dormir no ponto

A tradução literal é "dormindo ao volante" e pode ser usada com essa conotação, mas em sentido figurado significa que alguém não está preparado para o que lhe toca viver. Muito usada em contextos profissionais e políticos.

- How can you say that the government is **asleep at the wheel** about the possible pandemic? We've bought 50 million doses of the vaccine, just in case.

go with the flow
seguir o fluxo
deixar-se levar

Já diziam Bruce Lee e os *hippies*: temos de nos deixar levar ("ir com a corrente", em inglês) e ver onde vamos parar. Hoje em dia, a frase já não tem esse toque de *flower power*; é usada em qualquer âmbito para indicar flexibilidade. Repare na repetição do o em *go / flow*.

- Don't be so worried about being in control of the class all the time; learn to **go with the flow** a bit.

on the spur of the moment
no calor do momento
sem pensar

Esta expressão é usada quando decidimos algo sem pensar, quando fazemos algo sem nenhum tipo de planejamento, movidos por uma emoção, como a raiva ou o entusiasmo.

Considerando que *spur* também significa "impulso", também poderíamos usar a frase para falar de uma decisão tomada impulsivamente, "de última hora".

○ —Why did you decide to come to Altafulla?
—We decided **on the spur of the moment**; some friends had just told us about the beach and how nice the village was.

wing it
improvisar

É usada especialmente quando se improvisa devido a circunstâncias adversas ou quando a pessoa tem tanta confiança em si que acha que pode fazer o que for. Também podemos usar *blag it* com o mesmo sentido.

○ —Edward has just screwed up the USB. No PowerPoint today, I'm afraid.
—Okay, I'll just have to **wing it** with the mike and a flipchart. Wish me luck!

planejar

do a dry run
fazer um teste

Um teste "em doca seca" antes do lançamento, para nos assegurarmos de que tudo está funcionando perfeitamente e que não vamos encontrar nenhum problema.

○ —I imagine you now have the presentation ready for Thursday?
—Yes, but we'd like to **do a dry run** with you tomorrow.
—Sure.

IMPROVISAR OU PLANEJAR

dot the i's and cross the t's
acertar os detalhes

É usada para dizer que quase todo o trabalho já foi feito e só faltam algumas coisinhas, como os pontos dos "is" e os cortes dos "tês".

○ —Is our application for funding almost ready?
—Tomorrow; we just have to **dot the i's and cross the t's** now.

keep tabs on something / someone
ficar de olho
controlar algo/alguém

A frase surgiu no fim do século XIX nos Estados Unidos, onde se usavam pequenas lousas (*tablets*) para fazer a contabilidade e anotar as dívidas. É usada em vários contextos para indicar que alguém está acompanhando de perto uma situação.

○ —But who is going to **keep tabs on** the salaries that local councils decide to pay themselves?
—Don't worry, the local councils will.

what's the plan?
quais são os planos?

Uma maneira mais coloquial de dizer "o que vamos fazer?", indicando, por exemplo, a vontade de sair para beber alguma coisa com os amigos.

○ —Hey Grant, **what's the plan** for tonight?
—Big party, at your house.

do the i's and cross the t's

PUT TWO AND TWO TOGETHER

INTELIGÊNCIA OU ESTUPIDEZ

surtos de irracionalidade

not have a leg to stand on
não ter onde se apoiar

Literalmente, "não ter uma perna na qual se apoiar". Daí é usada para dizer que o argumento ou a postura que se defende é insustentável.

- So you're saying that we installed those new air-bags in our cars before we'd finished testing them? And now several people are very badly injured as a result. We **haven't got a leg to stand on**.

there's one born every minute
there's a sucker born every minute
otário é o que não falta

Literalmente, "a cada minuto nasce um otário". Indica que fomos enganados, que nos fizeram de trouxas. A primeira expressão, com o pronome "one" no lugar de "otário", é britânica; a segunda, mais explícita, é norte-americana.

- —A friend of mine paid €120 for a €45 ticket to see the concert. Someone came up to him and told him all the tickets were sold out, but he had one he couldn't use.
  —And were they sold out?
  —Of course not; **there's one born every minute**.

tolinhos

(as) thick as pigshit
(as) thick as two short planks
mais burro que uma porta

Duas expressões muito coloquiais e contundentes. A primeira é mais forte, porque usa "bosta de porco" na comparação. A segunda, porém, refere-se a tábuas curtas. *Thick* significa "grosso", mas também é usado com o sentido de "estúpido". Repare na tripla repetição do i na primeira expressão.

- Somehow he managed to become the President, even though half of the nation thought he was **as thick as pigshit**.

(have) more money than sense
ter mais dinheiro que juízo

Expressão que se aplica a quem desperdiça seu dinheiro em coisas que não valem tudo isso. Também se aplica a pessoas frívolas ou perdulárias.

- —In the most fashionable part of Milan the shop windows have dresses that cost over €2000.
  —And of course you can't wear them twice. Some people **have more money than sense**.

no fool like an old fool
quanto mais velho, mais bobo

Em inglês se diz: "Não há ninguém mais tolo que um velho tolo". É usada no caso de pessoas que não aceitam a própria idade e tentam se comportar como se fossem mais jovens. A pronúncia de *no fool* é muito parecida com a de *an old fool*.

- —He's 70 years old, but he dresses like a 25-year-old, thinking he'll attract women a third of his age.
  —**There's no fool like an old fool**, eh?
  —Certainly isn't.

no lights on there
não ser lá muito brilhante

A frase em inglês é bem mais categórica, pois afirma diretamente que "não há luzes" acesas na cabeça de alguém, ou seja, falta-lhe massa cinzenta. A ênfase recai em *there*.

- The guy at the supermarket checkout didn't even respond when I said "Good morning" to him. He has one of those mouths that never close. "**No lights on there**", I thought.

not the full shilling
não ser lá muito esperto

Em inglês, "não chegar a um xelim inteiro". Fica bastante claro que a pobre pessoa a quem nos referimos não é lá muito brilhante. Em inglês, a frase não é pejorativa e pode ser usada, até mesmo, para se referir a deficientes mentais.

- You need to talk quite slowly and simply to Mum when we visit her in the old people's home; she's **not the full shilling** these days.

two sticks short of a bundle
ser curto das ideias

Literalmente, "faltar (a alguém) dois palitos para fazer um feixe de lenha", expressão divertida e bem ilustrativa para dizer que alguém não é muito esperto. Atenção com *short*, que aqui significa "falta".

- To talk to her you'd think she was **two sticks short of a bundle**, but in fact she's got a Master's degree in Astrophysics.

the blind leading the blind
um cego conduzindo outro

De origem bíblica, a frase foi muito popular no Renascimento. É usada para indicar falta de liderança, incapacidade de orientar as pessoas porque todos estão perdidos.

- When it comes to economists and governments, it's a case of **the blind leading the blind**.

usando a cabeça

no prizes for guessing
é evidente/óbvio

Literalmente, significa "não há prêmios por adivinhar", ou seja, a coisa é tão óbvia que qualquer um sabe o que é.

- **No prizes for guessing** which wine won the prize for Best Cabernet Sauvignon of the year, as it was the hot favourite; it's...

put two and two together
fill (in) the blanks
somar dois mais dois
preencher a lacuna

join the dots
ligar os pontos

Expressões muito similares que significam que alguém chega a uma conclusão correta. Muitas vezes são usadas quando a conclusão é óbvia.

- After she saw how her husband started taking more showers, and taking his mobile phone with him to the bathroom, she started to **put two and two together**.

the wise money is on...
dizem os especialistas...

Própria do meio econômico (repare que a expressão usa "dinheiro sábio"), esta frase, que é uma maneira discreta de aconselhar, já está muito difundida em outros ambientes.

- —They're going to sign a new wing. They've got two main candidates: a 26-year-old from Croatia and a 20-year-old from Ghana.
  —Who**'s the wise money on**?
  —The Croat, because...

use it or lose it
se não for exercitado, atrofia

Empréstimo do campo da neurologia. *It* se refere ao cérebro, que também precisa ser exercitado. Afinal, nem todo exercício é esportivo!

- —He's 75 years old and he's just started learning German. He thinks the mental stimulation will be beneficial.
  —Ah, **use it or lose it**, right?

YOU SCRATCH MY BACK AND I'LL SCRATCH YOURS

TROCA DE FAVORES

corrupção

every man has his price
todo mundo tem um preço

A expressão é parecida nos dois idiomas e indica que ninguém é imune à chantagem ou ao suborno; basta encontrar o estímulo adequado.

- —How did you manage to get the editor of the newspaper to suppress the story?
  —Let's just say that **every man has his price**.

it's not what you know, it's who you know
o importante é ter QI

Parece que o ser humano é igual em todo lugar. Esta expressão deixa claro que não importa a experiência nem os títulos que temos, mas ter um padrinho ou pistolão que nos faça favores. A ênfase recai sobre *what / who*.

- —How did you manage to get us in here without a security pass?
  —Let's just say **it's not what you know, it's who you know**.

lead someone up the garden path
comprar gato por lebre

É bom não confundir esta expressão com "o que a Luzia ganhou atrás da horta". A expressão inglesa significa "enganar alguém", mas sem conotações sexuais.

- —I've just had a cold call from someone offering me cheaper roaming charges than my normal provider when I'm travelling abroad.
  —I hope you didn't say yes.
  —Why?
  —It's a common trick. They were trying to **lead you up the garden path**. You end up paying much more than you normally would.
  —Oh no!

on the take
line your own pockets
encher os bolsos

Duas expressões usadas para falar de pessoas em posições de poder, geralmente na política ou nas altas esferas econômicas, que "forram os próprios bolsos", ou seja, são corruptas e enriquecem de maneira ilícita, aproveitando-se de seu cargo. Infelizmente, esta expressão é muito útil para falar sobre a situação geral da política e dos bancos.

- —They're all the same, these politicians. They all **line their own pockets**.
  —Well, some of them are **on the take**, I know, but not most of them.

pull strings for someone
mexer os pauzinhos

A origem da expressão é a mesma nos dois idiomas: os fios (ou os pauzinhos) das marionetes, com os quais obrigamos os bonecos a fazer o que queremos.

- —How did she get that top job straight out of college?
  —I heard someone **pulled a few strings for** her.

under the counter
no paralelo

Quando conseguimos algo novo ou a um preço muito vantajoso, ou, então, algo de comercialização ilegal no país, mediante a intercessão de alguém, usamos esta frase para fazer referência a esse mercado paralelo ou negro.

- We lived in Dubai for five years, and the only way you could buy alcohol was to go to a special place an expat showed me where you could get pretty much what you wanted, but it was all **under the counter.**

justo ou não

fall on your sword
sacrificar-se

Da mesma maneira que o haraquiri, mas à moda romana, morrer pela própria espada salva a honra e a dignidade. Já não "caímos" mais literalmente "na própria espada", mas continuamos usando a expressão para dizer que alguém deve se sacrificar pelo bem comum. Repare na repetição do som *o* em *fall / sword*.

- —For the good name of the city, someone has to **fall on his sword**, wouldn't you say?
  —Yes, but it's not going to be me.

fob someone off (with)
enrolar

Usamos esta expressão quando ouvimos explicações que parecem desculpas esfarrapadas, como se nos ocultassem alguma informação. *Fob* faz referência ao bolsinho de um colete, uma parte da peça que fica bem escondida e onde se guardam coisas íntimas e de valor.

- —Rob's left me, Sara. He's trying to **fob me off** with some bullshit about him not being good enough for me.
  —But maybe in a way, he's right.

one good turn deserves another
estar em dívida

A frase pode descrever uma simples troca de favores ("um bom serviço merece outro igual"), mas também pode ser algo mais obscuro e ilegal.

- Thanks for recommending that restaurant; we went there and it was great. Now, **one good turn deserves another**, so I'm going to tell you about a place I found.

you scratch my back, and I'll scratch yours.
uma mão lava a outra

Como na expressão anterior, coçar um as costas do outro pode parecer uma frase inocente, mas costuma ser usada em contextos mais obscuros ou para fazer chantagem. Normalmente, nem é necessário dizer a segunda parte da expressão.

- —I heard some news that you'd be interested in that first edition of *The Canterbury Tales*.
  —Well?
  —Well, **you scratch my back,..**
  —Okay, okay.

o justo

a level playing field
em igualdade de condições

Nesta expressão pedimos, literalmente, "um campo esportivo nivelado", ou seja, sem obstáculos nem desníveis que deem vantagem a um dos dois times. Não é uma imagem claríssima?

- —You're following a protectionist policy. All we're asking for is **a level playing field**.
  —But look at the size of your economy compared to ours!

do unto others as you would have them do to you
não faça a ninguém o que não quer que façam a você

Conhecida como "a regra de ouro", esta é uma frase idêntica nos dois idiomas, mas, em português, sempre a usamos na negativa. E, apesar de ser bíblica, passou a ser de uso comum e cotidiano, independentemente da religião.

- —Would you say that you **do unto others as you would have them do to you**?
  —Generally speaking, yes.

have good reason to do something
ter boas razões para fazer algo

Curiosamente, é usada bastante quando, apesar de existirem boas razões para fazermos algo, não sabemos se faremos ou não.

- —After everything that's happened, she **has good reason to** leave him, don't you think?
  —Oh, yes, but will she?

make it up to someone
compensar alguém

Frase característica e muito difundida, que você deve ter ouvido em todo tipo de filme, usada especialmente no futuro, com *will*, à guisa de desculpas: "vou compensar você". Muito utilizada nos filmes pelos pais que sempre perdem a partida de beisebol ou a apresentação de Natal dos filhos.

- —I know you were really looking forward to that holiday, but I'll **make it up to you**.
  —How?
  —How? I don't know yet.

practise what you preach
dar o exemplo

"Faça o que eu digo, mas não faça o que eu faço", dizem. Mas esta frase significa exatamente o contrário. Dar o exemplo é viver segundo nossos valores e o que defendemos, algo que às vezes é muito difícil.

- —You ask us to make sacrifices for the survival of the company. Are you going to **practise what you preach**?
  —Of course; I've taken a 5% pay cut.

GIVE AND TAKE

DIREITOS

give the devil his due
dar a César o que é de César

Frase com a qual reconhecemos os méritos de outra pessoa, mesmo que seja alguém de quem não gostamos ou o próprio demônio.

- **To give the devil his due**, they defended their position very well with organisation and courage.

hear me out
deixe-me terminar

Frase que se costuma ouvir em qualquer mesa-redonda na TV ou no rádio. É usada quando há muitas interrupções que nos impedem de desenvolver completamente uma ideia.

- —Ladies and gentlemen, I know you think the police used excessive force
  —(shouting)
  —against the demonstrators
  —(shouting)
  —but
  —(shouting)
  —**Hear me out**! What happened was that...

give and take
giving and receiving
dar e receber

Expressão muito comum que indica que devemos chegar a um acordo, que devemos oferecer alguma coisa em troca do que pedimos, como Joey, de *Friends*, não se cansava de repetir em seu discurso de padrinho de casamento.

- It's true that when you fall in love, everything seems perfect, but remember that marriage is a matter of **giving and receiving**.

it's a fair cop
é justo

Frase usada para admitir que o castigo é justo quando nos pegam fazendo algo que não deveríamos fazer. É reconhecer nosso erro com espírito esportivo.

○ —So, Terry, you were sent off for a second yellow card offence.
—Yeah, **it's a fair cop**. I had to bring the ball down with my hand to block the shot.

let someone have his / her say
que diga o que tem a dizer

Similar à anterior, mas, neste caso, é possível que não deixem a pessoa sequer começar a falar e a julguem antes que abra a boca. Expressa intenção de fazer justiça e reconhece que todo mundo tem direito a dar sua opinião.

○ Come on, everyone, please! Remember that a person is innocent until proven otherwise, so please **let her have her say**. Thank you.

there are two sides to every question
toda história tem dois lados

Muito parecida nas duas línguas. A frase é usada quando queremos dizer que pode haver outros pontos de vista, que talvez nem tudo seja tão preto e branco.

○ —Okay, you've heard what she has to say, but don't you think **there are two sides to every question**?
—Okay then, let's hear your version.

IN THE PRIME OF LIFE
QUESTÃO DE IDADE

jovem

a babe in arms
uma criança

Em inglês, é "um bebê de colo", o que indica inocência e pouco conhecimento do mundo. Pode ser usada para uma criança, claro, mas também para o típico adulto que age de modo infantil.

- Even when you were **a babe in arms** you already knew what you wanted.

(be) in the prime of life
na flor da idade

Ou em nosso melhor momento. Aquele período da vida em que temos energia e vontade suficientes para abarcar o mundo. Note que prime é muito usado com coisas de primeira qualidade ou de máxima importância: *prime time, prime minister, prime cut of meat.*

- —I think I might be a bit old for this kind of activity.
  —Not at all; you're still **in the prime of life**.
  —What do you mean, still?

nem tão jovem assim

(be) past one's prime
ter deixado os dias de glória para trás

Neste caso, nossos melhores anos já passaram e estamos em plena decadência ou um tanto "passados do prazo de validade". Aplica-se tanto a pessoas quanto a coisas.

- As an artist, he was probably **past his prime** before he became internationally famous.

getting on a bit
getting a bit old for this game / lark
estar velho demais para algo

São frases que você já deve ter ouvido em vários filmes, quando o mocinho reclama que já está um tanto velho para alguma coisa. Como se pode ver no exemplo, não se trata necessariamente de atividades físicas, como correr, marchar...

- —Isn't it time you found a partner and settled down? You're **getting on a bit**.
  —I'm only 40!

good for another (time) (yet)
plenty of life (still) left in the old body
ainda dar um caldo

Duas frases que indicam que alguém ou algo ainda não está acabado, que ainda tem energia.

- —When are you planning to retire?
  —Retire? I'm only 62. **I'm good for another five years** yet.
  —So you *are* planning to retire, at 67?

hang up one's boots
pendurar as chuteiras

Os jogadores de futebol penduram as chuteiras e os pugilistas, as luvas, mas o sentido é o mesmo: aposentar-se, deixar de fazer o trabalho que se fazia antes. São frases originárias do esporte, mas hoje usadas em todos os meios.

- Carles Puyol, who played for Barça for 15 years, for Spain 100 times, and who won everything it's possible to win in the game, decided to **hang up his boots** in the summer of 2014

reflexões sobre a idade

from the cradle to the grave
do berço ao túmulo

Idêntica nos dois idiomas, é usada para dizer "a vida toda" de uma maneira mais elegante.

- —You know, she lived in the same village **from the cradle to the grave**.
  —I don't know whether that's sad or not.

never too old to learn
nunca é tarde para aprender

Indica que sempre aprendemos coisas, independentemente da idade. Pode ser usada como crítica quando alguém diz que a essa altura da vida não pode mudar (ou aprender a ligar a máquina de lavar).

- —**You're never too old to learn**. You're just too old to do anything about it.

velho

as old as the hills
mais velho que Matusalém

Tanto em inglês quanto em português, a frase tem relação com a Bíblia, mas cita passagens diferentes. Em inglês, velhas são "as colinas". Costuma ser usada para coisas, mas também pode se aplicar a pessoas.

- —But that idea is **as old as the hills**!
  —So what? Just because it's not new doesn't mean that it's not good.

in the autumn of someone's years
no outono da vida

Esta frase fala de declínio, da última fase da vida de alguém. Evidentemente, pode ser usada com qualquer pessoa do discurso.

- —You can't keep going like this. Admit that you're **in the autumn of your years.** You're going to give yourself a heart attack.

nas últimas

seen better days
já teve dias melhores

É uma maneira elegante de dizer que algo já não está em boas condições. Em inglês, costuma ser usada para coisas, enquanto em português pode se aplicar a pessoas.

- I had a look at the garden furniture they were trying to sell, but I didn't buy anything. Quite frankly, it's **seen better days,** and they should really throw it out instead of trying to sell it.

have one foot in the grave
estar com um pé na cova

Idêntica em português e inglês, a frase é muito direta, pois indica que estamos quase mortos. E não necessariamente por causa da idade, pois pode ser usada em uma situação perigosa na qual nossa vida corre perigo.

- —You all think I've got **one foot in the grave**, but you're going to have to wait to get your hands on my money!
  —Don't talk like that, Grandpa. We want you to live another three years.
  —Three?

not long for this world
quase no fim da vida

É uma expressão elegante que às vezes pode ser dita de maneira engraçada, mas basicamente indica que a pessoa já não tem muito tempo neste mundo, que em breve não estará entre nós.

- —I think you should start making preparations; I'm afraid she's **not long for this world**. All we can do is relieve her pain.
  —Thank you, doctor.

SOMETHING FISHY GOING ON

EXPRESSÕES COM *FISH*

a big fish in a small pond
ser uma grande estrela em um universo pequeno
ser uma pessoa importante em uma área limitada de influência

"Peixe grande em lagoa pequena" é a tradução literal desta frase, que se refere a alguém importante em um meio não tão relevante assim. Não expressa opinião e pode ser usada de maneira tanto positiva quanto negativa.

- She seemed content to be rural doctor in a small community in Iowa when she was offered an important research post in Chicago. I told her, "You can't go on being **a big fish in a small pond**." And she said…

a cold fish
frio
antipático

Em inglês, é um "peixe frio", e isso já nos dá a sensação de alguém sério, um pouco antipático e com pouco trato social. A expressão é pejorativa e unissex.

- Elizabeth's a bit of a **cold fish**. You'll seldom see her laugh or get upset, no matter what happens.

a fine kettle of fish!
um balaio de gatos
uma confusão

Em inglês, trata-se de um "caldeirão de peixes" e se refere a qualquer situação complicada ou confusão. É uma frase muito britânica.

- So they're telling us now that we have to get this application for funding in today! They only sent us the information an hour ago. This is **a fine kettle of fish!** We haven't got time to get even half of the material together.

a queer fish
estranho
esquisito

"Um peixe esquisito", em inglês. É usada quando alguém é bastante peculiar ou especial, principalmente se tiver gostos estranhos.

> —Why do you say he's **a queer fish**?
> —Well, he collects images of graphic violence, puts them on his bedroom wall and watches them on his iPhone on the metro.
> —I see.

fishing for compliments
esperar elogios

Literalmente, "pescando elogios", ou seja, jogando a isca com uma frase para que as pessoas respondam com um elogio. Muitas vezes, é usada para destacar o fato de que alguém está tentando nos manipular.

> —What do you think of what they've done with my hair? Me, I'm not too happy with it.
> —I know you're just **fishing for compliments**, but anyway: it looks lovely, and you know it.

have bigger fish to fry
ter coisas mais importantes
para fazer

Uma expressão que indica desinteresse. Pode ser usada de maneira pejorativa, como crítica, ou positiva, como quando alguém não quer perder tempo com minúcias. Literalmente, é "ter peixes maiores para fritar".

> —I thought Elisa was really keen on you, but...
> —So did I, but it seems she **has other fish to fry**. She's after a teacher now in the law faculty.

neither fish nor fowl
nem uma coisa nem outra

Literalmente, significa "nem peixe nem ave" e se refere a um prato que não sabemos muito bem que ingredientes leva. Assim, em sentido figurado, é usada quando não sabemos muito bem com o que estamos lidando. Repare na repetição de *n* e *f*.

- To apply for the job, he presented us with something that was half a CV and half a covering letter. It was **neither fish nor fowl** and it quickly found its way into the waste-paper basket.

rise to the bait
morder a isca

Frases bastante similares, usadas quando, durante uma conversa, alguém joga a isca tanto física quanto figuradamente.

- —You haven't phoned me for two days. I suppose it's because you don't love me anymore and you want to finish everything. —Hmm... I'm not going to **rise to the bait**, honey. You know how busy I've been.

slip through the net
escapar do pente-fino

Os peixes menores escapam facilmente das redes. É uma frase utilizada quando alguém burla inesperadamente, de maneira ilegal ou, no mínimo, imoral, um sistema de segurança ou certas condições de acesso.

- This benefit is for families who need assistance to pay the rent. We administer our checks very carefully, and while it's true that one or two undeserving cases have **slipped through the net**, that is no more than 1.5% of all the benefits we provide.

A CLEAN BILL OF HEALTH

SAÚDE

a clean bill of health
em perfeito estado de saúde

Ou em perfeito estado e ponto, porque também se aplica após uma inspeção técnica. Indica que tudo que se pode ver e medir está em boas condições.

- What I don't understand is how she died just ten days after being given **a clean bill of health** by this hospital.

back on one's feet
voltar a ficar de pé

Quando deixamos a cama à qual uma doença havia nos prendido, "voltamos a ficar de pé". Mas recuperar-se de uma doença não é o único caso em que a expressão é usada; pode-se recuperar o ânimo, a economia…

- —Now I want you take two of these, four times a day, dissolved in water. We'll have you **back on your feet** in no time at all.
  —Thank you, doctor.

feeling run down
acabado
estar só o pó

Expressão usada quando não temos energia nem disposição física ou de ânimo para fazer nada.

- —Is it okay if we don't meet tonight? The truth is I'm **feeling a bit run down**.
  —Sure, we can meet another night, but what is it?

go / come down with something
achar que está ficando doente

Todo mundo passa por isso de vez em quando: dor nas articulações, enxaqueca... Sabemos que "pegamos algo" e que cedo ou tarde a coisa vai se manifestar.

- —Cori, it's me, Tania here. I don't think I'll be coming into work today. I'm **coming down with something**. I think it might be flu.
  —Poor thing! I'll tell Sue now.

on the mend
melhor

Frase muito informal para dizer que estamos convalescendo, em recuperação, sentindo-nos um pouco melhor a cada dia.

- —I'm just phoning to ask how you are.
  —Nice of you to do that, Olga. I'm **on the mend** and I hope to be back at school next week.
  —That's good.

out of shape
out of condition
fora de forma

As duas expressões indicam que estamos em más condições físicas devido, geralmente, aos maus hábitos alimentares ou à falta de exercício. Como acontece a qualquer um depois das festas de fim de ano.

- You say you'd like to go trekking in the Himalayas this summer, but right now you're **out of shape** and I suggest you make some lifestyle changes.

run a fever / temperature
estar com febre

Costuma-se usar mais *temperature* que *fever*, sempre precedida de um artigo indefinido.

- —How is he, doctor?
  —He's **running a temperature**, which we're trying to control, and I have my colleague Dr House looking into it.

AN EYE FOR AN EYE

JUSTIÇA E VINGANÇA

justiça

a miscarriage of justice
a travesty of justice
erro judicial

Duas expressões usadas no caso de erros cometidos pela justiça ou para denunciar uma injustiça qualquer, tenha sido levada ou não aos tribunais. A segunda, "uma paródia judicial", é bem mais forte que a primeira.

○ The film *In the name of the father* exposes **a miscarriage of justice** in which an Ulsterman and his father were sentenced to prison for a terrorist atrocity that they did not commit.

a law unto themselves
reger-se por suas próprias regras

É uma expressão bíblica, que poderia ser traduzida por "eles têm sua própria lei", ou, em outras palavras, não seguem as leis estabelecidas pela sociedade.

○ The early years of this century saw the appearance of a gang culture in areas with large concentrations of Latin Americans. These youths are **a law unto themselves** and very difficult to police.

do justice to
something / someone
fazer justiça

Expressão muito similar nos dois idiomas e com um significado muito claro: resolver um problema de maneira neutra, levando em conta apenas os fatos. Costuma ser usada na voz passiva.

- We **must do justice to** those families whose loved ones still have not been given a decent burial, 60 years after the war ended.

it serves you right
foi merecido

É a frase que dizemos sempre que acontece algo ruim com alguém que foi avisado ou advertido anteriormente. Pode ser usada com todas as pessoas do discurso.

- You say you haven't got any money left at the end of the month? All I can say is that **it serves you right** for having spent so much at the beginning.

let someone off the hook
safar-se

A ideia é que alguém estava bem enroscado e, no fim, livrou-se do "gancho". É usada em todo tipo de contextos, mas é uma frase clássica das séries que tratam de policiais e advogados.

- —They **let him off the hook**, did you know?
  —How come?
  —Because it was his first offence, because he had a good lawyer, I don't know.

tempo ao tempo

get what's coming to someone
ter o que merece

É um tanto forte e, embora normalmente usada no futuro, como ameaça – "um dia você vai ter o que merece" –, pode ser usada em todos os tempos verbais.

- —Get up! I wanna sit there.
  —Someday **you'll get what's coming to you**!
  —Oh yeah, like I'm really scared, man!

poetic justice
justiça poética

O conceito é o mesmo em inglês e português. Quando ocorre uma injustiça e depois, por acaso, é reparada, dizemos que houve "justiça poética". Se bem que também poderíamos dizer "justiça divina".

- It's typical in films and TV, especially if they're American, for **poetic justice** to happen. Think of The Lion King and Aladdin among others, where the hero is rewarded and the villain gets punished in ironic ways.

vingança e rancor

an eye for an eye
olho por olho

Expressão muito antiga que consta do Código de Hamurabi, da Babilônia. É a Lei de Talião, segundo a qual quem nos faz algo de mau deverá sofrer o mesmo.

- One of the problems facing justice systems is that victims often want to see the criminal suffer as much as, or more than they have. The idea of **an eye for an eye** seems to run deep in the human psyche.

get one's own back
vingar-se
dar o troco

Ou ir à forra. Frase usada quando achamos que alguém pisou na bola conosco e pagamos na mesma moeda.

- Asked why he had posted those intimate photos of her on the Internet, all he could say in his defence was that he wanted to **get his own back** after she left him for someone else. The images have since been removed, though.

have an axe to grind (with someone)
guardar rancor (de alguém)

Literalmente, é "ter um machado para afiar com alguém". Mais claro que água. Data do final do século XVIII e vem dos Estados Unidos, onde se escreve *ax*. Mas agora é de uso comum em todo o território anglófono.

> —Why do you keep talking about Juliet that way? **Have you got an axe to grind with her**?
> —I'd rather not talk about it in public, if you don't mind.

not one to bear a grudge
não costumar guardar rancor

Ao contrário da anterior, com esta não guardamos rancor de ninguém. Mas às vezes é usada com certa ironia. Tirando o *not*, pode ser usada também para dizer que temos contas a acertar com alguém.

> —You're playing against your old club tonight, Sam, the club that made your life so difficult.
> —No, I'm **not one to bear a grudge**, but if I can score three today, I'll be especially happy.

revenge is sweet
a vingança é um prato que se come frio

Embora em inglês a vingança não seja um prato frio, e sim doce, o significado é o mesmo nos dois idiomas: é preciso esperar um pouco antes de saboreá-la.

> Two years ago, these two tennis players met in the final, but this time the result was very different. The media headlines were all variants on the theme of **revenge is sweet**.

settle a score
acertar contas

Se você gosta de séries policiais, certamente já ouviu esta expressão um monte de vezes, especialmente quando há guerras de gangues. Mas não é preciso matar alguém para acertar contas, basta resolver o problema com a pessoa.

> Ah, there you are, Martin. I'm glad you're here, because I've wanted to **settle a score** with you for some time now. Sit down, please.

take the law into your own hands
fazer justiça com as próprias mãos

Muito parecida em inglês e português, refere-se àquele momento em que não esperamos que a justiça siga seu curso e nos antecipamos a ela, geralmente movidos pela raiva ou pelo desejo de vingança.

- Feeling abandoned by the police, local communities have now set up vigilante groups to patrol the district and act against the drug dealers. **Taking the law into their own hands** is understandable in the circumstances, but-

the boot's on the other foot now
o jogo virou

É usada quando uma situação muito clara muda radicalmente e o prejudicado passa a ser o beneficiado. Em inglês, "a bota está no outro pé agora".

- In the past, this was one of the poorest countries in the region and we were treated badly by our neighbours. Now, thanks to the discovery of natural gas here, **the boot's on the other foot**. Now they come to us for money and support.

tit for tat
pagar na mesma moeda

A expressão tem um pouco de "macaco vê, macaco faz", só que no contexto da vingança, pois é usada para dizer que, se uma pessoa nos fizer alguma coisa, teremos o direito de fazer o mesmo com ela.

- —Hang on, you're cheating! You just looked at my cards!
  —And you did exactly the same, just two minutes ago. **Tit for tat**!

turn the other cheek
oferecer a outra face

Citação bíblica que supostamente é o cúmulo da virtude e do estoicismo. Quando levamos uma bofetada, em vez de revidar, oferecemos a outra face para que o outro, se quiser, nos dê outra.

- Christian nations have never been especially good at **turning the other cheek**. In the real world of international politics, it's a suicidal policy.

GET A LIFE!

VIDA E MORTE

vida

(be) a live wire
ser cheio de vida

Todos conhecemos alguém que consegue fazer muitas coisas e aproveitar tudo que faz. É "um fio descascado", dizemos em inglês, porque quem o toca leva choque. É um comentário positivo.

- —That Mari Luz is a **real live wire**, isn't she?
  —Wait till she starts singing and dancing!

get a life!
vá arrumar o que fazer!
cuide da sua vida!

Uma expressão bem recente e usada quase exclusivamente no imperativo. Dirige-se a uma pessoa negativa e amargurada que abusa da nossa paciência com minúcias e parece não ter vida própria. Por isso se diz em inglês "arranje uma vida!".

- —Don't forget that you still owe 25 cents for that coffee the other week.
  —**Get a life!**

life begins at forty
a vida começa aos quarenta

Podemos acrescentar *the age of*. Como todo mundo sabe, agora se diz que os quarenta são os novos trinta. Mas, antes disso, os quarentões já usavam a primeira frase para dizer que estavam na flor da idade.

> "**Life begins at the age of 40.** This is the revolutionary result of our New Era... Today it is half-true. Tomorrow it will be axiomatic."

life isn't a rose garden
life isn't all beer and skittles
a vida não é um mar de rosas

Sempre há o inocente que acredita que tudo é fácil e nada tem um preço. Esta frase costuma ser usada justamente com esse tipo de pessoa, para fazê-la descer das nuvens. Em inglês, além das rosas, usam-se também *beer and skittles*, ou seja, "cerveja" e "boliche", um esporte que se praticava no bar.

> —I never imagined that being an adult would be so hard. So many responsibilities, so much worry about work and money.
> —Well, **life isn't all beer and skittles**. You've got to take the rough with the smooth.
> —Oh God, do you know any other clichés?

live and let live
viva e deixe viver

Ou seja, não se meta na vida dos outros, deixe que cada um viva segundo suas ideias e seus princípios. A frase se tornou famosa graças ao filme de James Bond, no qual foi adaptada para *Live and let die* (viva e deixe morrer) e à canção composta por Paul McCartney para o mesmo filme.

> —I saw on your profile on the dating website that your motto is **live and let live**.
> —That's right.
> —Well what exactly do you mean by that?
> —That everyone should be free to do what they want.

live it up
curtir a vida

Em inglês, a frase está associada a um bom estado de ânimo, a muita alegria ou a ter mais dinheiro que de costume, coisa que, evidentemente, dá alegria e nos proporciona um bom estado de ânimo.

VIDA E MORTE

> ○ Don't sit here at home thinking about the past; you need **to live it up** a bit.

you live and learn
vivendo e aprendendo

Expressão muito comum que usamos para expressar... Isso mesmo: que não tínhamos ideia do que acabamos de descobrir.

> ○ —I read the other day that coffee isn't a native plant of the Americas; it was taken there secretly in 1723 by a Frenchman called Gabriel Mathieu de Clieu.
> —Really? **You live and learn**, don't you?

morte

as dead as the dodo
mortinho da silva

O dodô é uma espécie de peru das ilhas Maurício que se extinguiu no século XVII e que Lewis Carroll ressuscitou em *Alice no país das maravilhas*. Por isso, se alguém ou algo está mais morto que um dodô é porque está mortinho da silva.

> ○ —Political idealism? It's as dead as the **dodo**!
> —Well, as long as people think it is, it is.

dead in the water
foi para o brejo
foi por água abaixo

Costuma aplicar-se a uma ideia, um projeto ou um empreendimento. A expressão em inglês surgiu do jargão marítimo: um barco estava totalmente parado, sem poder navegar, e era um alvo fácil. A ideia é que algo não vai seguir adiante, acabou.

> ○ —...and our expansion plans for the company?
> —**Dead in the water**, at least for the time being.

dead to the world
dormir feito uma pedra

Em português, usamos "morto" para falar de alguém extremamente cansado e, seguindo a mesma linha, esta frase em inglês significa "profundamente adormecido". Pode ser um sono natural ou provocado por álcool ou remédios.

○ —Why didn't you pick up your phone this morning when I called?
—Sorry, I was **dead to the world**. Last night, you see, I was out until six-

do not / never speak ill of the dead
não falar mal dos mortos

Porque é falta de educação, eles não podem se defender. Ou, talvez, porque podem vir do além puxar nosso pé. Seja qual for o motivo, em inglês existe um claro desconforto em relação a esse assunto. Nós, latinos, porém, acrescentamos um "que Deus os tenha" depois de criticá-los sem dó.

○ —Your father would never have agreed to that, if he had still been alive.
—Well my father has a lot to answer for, so please don't quote him.
—**Do not speak ill of the dead**.
—Why, is he a saint now?

give up the ghost
passar desta para melhor

Esta expressão em inglês é usada em três situações: quando alguém morre; quando uma máquina para de funcionar; ou quando se abandona um projeto devido às poucas possibilidades de que dê certo.

○ 1) After six months of slow decline, our grandmother finally **gave up the ghost**.

2) I wouldn't try to use that computer if I were you; it **gave up the ghost** last month.

3) After graduating from university she looked for work as a journalist for three years before **giving up the ghost** and getting a job as a tourist guide.

VIDA E MORTE

kick the bucket
esticar as canelas

Similar à anterior, mas bem mais vulgar. Até que é engraçada, mas pode ser considerada uma grande falta de respeito. Não se sabe bem de onde surgiu, pois a tradução literal não nos fornece muitas pistas: "chutar o balde". Atenção! Não tem absolutamente nada a ver com a expressão brasileira correspondente!

○ —Did you hear that Mrs Milne in number 75 has finally **kicked the bucket**?
—She must've been in her 90s.
—96, apparently: well, we'd better go and pay our respects, hadn't we?

like death warmed up / over
quase morto

Em inglês, é literalmente "como morto e aquecido". Usamos a expressão quando estamos só o pó, exaustos ou doentes. A versão britânica é com *up*; a norte-americana, com *over*.

○ —How do you feel?
—**Like death warmed up**, but I'm being treated well, and I'll be out of here next week they say...

over my dead body
por cima do meu cadáver

Idêntica nos dois idiomas, é a frase típica do galã do filme quando se recusa categoricamente a aceitar alguma coisa. Já nos acostumamos tanto à expressão que ela perdeu parte de sua contundência e é usada em tom de brincadeira.

○ —Aren't you tired of living in this country? We talked about going to live in Saudi Arabia, do you remember?
—**Over my dead body**!

pushing up daisies
comer capim pela raiz

Em inglês, usa-se a frase sempre com o verbo no gerúndio: criando margaridas de baixo para cima. É irônica, engraçada e inapropriada para cerimônias fúnebres.

○ —Can you imagine what the world will be like in the year 2075?
—No way, but we'll both be **pushing up daisies** by then anyway.

NEVER MIND

EXPRESSÕES COM *MIND*

a weight off one's mind
tirar um peso das costas

É a mesma expressão nos dois idiomas, só que em inglês se tira o peso da mente e em português, das costas.

- —We thought you might be diabetic, but the tests show that you aren't.
  —Well, that's **a weight off my mind**, doctor.
  —Just a minute; I haven't finished.

it never crossed / entered my mind
nunca me passou pela cabeça

Esta expressão, que existe nas duas línguas, apresenta em inglês duas opções que podem ser usadas indistintamente. Nós a dizemos diante de algo em que não havíamos pensado ou de que nem sequer suspeitávamos.

- —Oh, you made beef casserole. It's just that I don't eat meat.
  —Oh, sorry, **it never crossed my mind** that you might be a vegetarian.
  —Well, I suppose I should have told you.

it's all in the mind
é tudo coisa da sua cabeça

Utilizamos esta frase para convencer alguém de que suas preocupações não são reais, que está tudo na cabeça da pessoa. Mas, em inglês, também pode ser usada com otimismo, para enfatizar a importância dos pensamentos positivos.

- —Where have you been? With her?
  —Come on, there is no her! **It's all in the mind**, you know. Correction: it's all in *your* mind!

EXPRESSÕES COM *MIND*

never mind
esqueça
deixe para lá

Você já a deve ter ouvido milhares de vezes em todo lugar, mas quem tornou a expressão mundialmente famosa foi a banda Nirvana, em 1991, com seu disco *Nevermind* (tudo junto). A frase faz parte da canção "Smells like teen spirit".

- —Why do you let him speak to you like that?
  —**Never mind**.
  —But I do mind, and so should you.

on one's mind
não me sai da cabeça

Pode ser um problema, uma pergunta ou uma pessoa, mas é algo que nos preocupa e em que não conseguimos parar de pensar. Elvis deu-lhe um tom romântico na canção "You are always on my mind".

- —Can I speak to you about something, Mr Pavletich?
  —Yes, what's **on your mind**, Sergio?

peace of mind
paz de espírito

Expressão muito habitual em inglês que insinua que não temos de nos preocupar com nada, pois tomamos antes as devidas precauções.

- —I'd like us to get to the airport by 8.30 if you don't mind.
  —But that's almost three hours before the flight.
  —I know that; it's for my own **peace of mind**. I don't like to rush.

put one's mind at ease / rest
ficar tranquilo
ficar descansado

Parecida com a anterior, mas, neste caso, indica que não precisamos mais pensar em algo porque a coisa já foi resolvida ou porque outra pessoa já está cuidando disso.

- I know there have been some rumours flying about the office about our future, but I'd like to **put your minds at rest** on that particular account.

THE GREEN-EYED MONSTER

INVEJA

(be) the envy of something
ser a inveja de

Em seja qual for o grupo de pessoas, há sempre alguém que se destaca. Todos os outros olham com inveja para essa pessoa, transformando-a na "inveja do grupo". A frase pode ser usada em tom pejorativo ou com muito orgulho.

- When we first had a telephone installed at home we were **the envy of** the whole street. It was quite a luxury in those days and we were the first in the street.

I'd give my right arm for / to
daria tudo por

Esta expressão é usada, às vezes, com outras partes do corpo, mas conservando o mesmo sentido: daríamos algo valiosíssimo, como o braço que a maioria dos humanos usa para fazer tudo, em troca de algo que desejamos. É um modo de demonstrar quanto a coisa é importante para nós.

- —**I'd give my right arm** to know where she is now.
  —Have you tried Facebook or LinkedIn? Try Googling her.

it's all right for some
algumas pessoas têm tudo de mão beijada

Uma clara expressão de inveja pela sorte alheia, às vezes disfarçada de reivindicação social, quando se constata que alguns têm vida fácil.

> —Her father made her a partner in his law firm as soon as she finished her degree, and bought her a house.
> —Wow, **it's all right for some**, isn't it?

keep up with the Joneses
não se pode ficar para trás

Joneses vem de Jones, um sobrenome muito comum. Tanto que qualquer um poderia ter um vizinho chamado Jones. Eles são a versão idealizada dos vizinhos ricos que o resto tenta acompanhar por pura inveja, muitas vezes gastando mais do que podem.

> —I see you've finally bought a barbecue. thought you hated the smoke and the cleaning up afterwards.
> —True, true, but you have to **keep up with the Joneses**, don't you?

nice work if you can get it
sorte de quem tem

É o título de uma canção de George e Ira Gershwin que falava de otimismo, apesar da grande depressão norte-americana. Mais uma vez, é usada para demonstrar clara inveja pela sorte alheia.

> —Her job is to go to the best restaurants and write her comments on the food and service for a weekly magazine.
> —**Nice work if you can get it!**

the green-eyed monster
o monstro de olhos verdes

"O ciúme é um monstro de olhos verdes", diz Iago a Otelo, para manipulá-lo. A frase de Shakespeare entrou na cultura popular e se tornou uma expressão muito utilizada nesse contexto.

> —So, would you say that you're jealous in a relationship?
> —Not me, no **green-eyed monster** here.

BEGGARS CAN'T BE CHOOSERS

NECESSÁRIO OU NÃO

a must
a must-have
a must-see
imprescindível

Usamos must como substantivo para dizer que algo é imprescindível. Podemos acrescentar um verbo que atue como adjetivo. Por exemplo, a *must-have* seria algo que precisamos ter, e a *must-see*, algo que precisamos ver, e assim sucessivamente.

- —If you're going to Paris, forget the Eiffel Tower, the Musée Marmottan Monet is **a must-see**. If you're into art, that is.
  —Is it near Eurodisney?

any port in a storm
se não tem tu, vai tu mesmo

Ou, literalmente, "qualquer porto serve na tempestade". Ou seja, talvez escolhêssemos outra coisa se pudéssemos, mas, quando a necessidade aperta, qualquer ajuda vale. Repare na repetição da vogal em *port* / *storm*.

- —You always come back to me when you have a problem, but only when you have a problem. **Any port in a storm**?
  —No, it's not like that at all, really.

beggars can't be choosers
diante da necessidade
não se pode escolher

Ou seja, quando estamos morrendo de fome tudo parece ótimo, não vamos ficar com frescura. Mas não se usa a frase estritamente para comida; serve para falar de qualquer coisa.

> We wanted to go to Sicily for our holiday this year, but in the end we had to do something a bit more modest. **Beggars can't be choosers**, as they say.

blood is thicker than water
o sangue é mais denso que a água

Em português, já se usa esta expressão, que é uma tradução literal das frases inglesa e alemã, provavelmente porque é perfeitamente inteligível. Tem duas nuances: a primeira é que, em momentos de necessidade, sempre podemos recorrer à família; a segunda, que o sangue fala mais alto, queiramos ou não.

> —How did they react when their sons and daughters were accused of corruption and having unfair advantages in contracts with the regional government?
> —Well, you know, **blood is thicker than water**.

have what it takes
ter o necessário

Pode ser usada literalmente, acompanhando uma lista de coisas necessárias para cumprir um determinado propósito, ou metaforicamente, em geral falando de valentia ou força de vontade. Nessa última acepção, você deve tê-la ouvido algumas vezes em filmes de ação – se é que gosta do gênero.

> —But does your city **have what it takes** to hold the Olympic Games?
> —Yes, and we'll be a very strong candidate, believe me.

surplus to requirements
ser dispensável

É uma frase originária das forças armadas que explica, sem muito drama, que se pode prescindir de certas pessoas ou coisas.

> The company announced this morning that 2500 of its staff in Europe are **surplus to requirements**.

THE HARD SELL

NEGÓCIOS

a ballpark figure
um valor aproximado

Expressão usada nos Estados Unidos para calcular a olho um valor que se aproxime do número exato, como quando calculamos os espectadores presentes, por exemplo, em um estádio de beisebol, ou *ballpark*.

- —How much do you want for your store?
  —Oh, I really don't know.
  —Come on, give me **a ballpark figure**.
  —Okay, $50,000.

a buyer's market
bom momento para comprar
a seller's market
bom momento para vender

Duas expressões que falam do momento em que se encontra determinado setor. No primeiro caso, há muita oferta, os preços são baixos e é um bom momento para comprar. No segundo, há muita demanda, os preços são altos e é um bom momento para vender.

- We got a very good price for our apartment when we sold it, since it was **a seller's market** at that time.

a fair deal
um trato justo

Muito habitual em qualquer tipo de produto audiovisual, é de uso muito generalizado em todo tipo de situação e camada social. Significa que aquilo que nos oferecem está bom, é justo. Nem mais nem menos.

- —So, you get the house and the car and I pay maintenance for the kids?
  —Yes, that's **a fair deal**.
  —Is it really?

a gold mine
uma mina de ouro

É usada no caso de negócios perfeitos, que não têm como dar errado. Também pode ser aplicada a qualquer coisa ou pessoa que ofereça muitas informações ou recursos.

- Having a florist's shop near a cemetery is always **a gold mine**.

business as usual
o de sempre

Aplica-se em qualquer situação para falar da "normalidade". É usada quando as coisas seguem seu curso habitual, apesar dos contratempos.

- Even when there were problems with electricity and public transport strikes, the company kept working. It was **business as usual**, despite everything.

buy now, pay later
compre agora, pague depois.

Quantas vezes já ouvimos isso em propagandas! É um desses recursos que as lojas usam para nos fazer comprar mais ou comprar o que não podemos nos dar o luxo de adquirir.

- You don't really want to wait until it's winter before you think of getting a modern heating system, do you? I'll tell you what: this week we've got a **buy now, pay later** special offer. What do you say to that?

horse-trading
negociações

Literalmente, quer dizer "comércio de cavalos". Supostamente, quando se compram e vendem cavalos, há certa negociação e muitos fatores a levar em conta. Por isso, é uma expressão muito usada em processos complexos, geralmente políticos e empresariais.

- The European Union is starting another round of negotiations about fishing quotas for the next five years, so you can expect to see a lot of **horse-trading**.

a gold mine

in the market for something
estar interessado em comprar

É uma expressão usada quando estamos procurando algo ativamente, ou seja, quando estamos totalmente dispostos a comprar.

> ○ We're **in the market for** a second-hand car if you know of anyone who's selling one.

looking after business
cuidar dos negócios

Não, as empresas e os negócios não se cuidam sozinhos. É preciso que estejamos ali, a cada passo, trabalhando para fazê-los crescer. Esse é o sentido da frase, que justifica ações um tanto incomuns.

> ○ —Are you really asking me to go out and buy samples of our competitors' products and analyse them?
> —Seeing what the competition is doing is a way of **looking after business**.

the hard sell
venda agressiva

Quando alguém usa esta expressão, geralmente é porque está reclamando. É usada no caso de estratégias nas quais o vendedor não deixa o possível comprador falar e chega até mesmo a ser desagradável.

> ○ I hate it when someone phones you without warning and then gives you **the hard sell** trying to get you to upgrade your insurance, your financial or banking services or your phone line.

wheeling and dealing
negociações escusas

Similar à anterior, mas, neste caso, sugere-se que as negociações não são lá muito limpas ou nobres, que há fatores pouco éticos.

> ○ —This part of town is where all the important **wheeling and dealing** takes place.
> —Not the golf course?
> —The golf course too, naturally.

FORGIVE AND FORGET

ESQUECIMENTO E PERDÃO

bear it in mind
não esqueça

É uma frase muito, muito comum que se aplica também a qualquer contexto, mas é ligeiramente formal. É usada para indicar que algo não pode ser esquecido, especialmente quando se trata de tomar decisões ou reagir a algumas situações.

- —Just calling to say that Anoussa and I will be able to come for lunch on Saturday, but remember she's a Muslim.
  —Okay, we'll **bear that in mind** when we decide what to make.

draw a line under something
virar a página

Uma expressão bem ilustrativa que usamos para indicar que esquecemos o que passou e começamos de novo. Muito usada em todo tipo de relações entre pessoas, países, empresas ou o que for.

- Whatever the rights and wrongs of the past, it's now time for these two nations to **draw a line under** their recent history and work on a roadmap towards peace and prosperity.

have a memory like a sieve
ter memória de peixinho dourado

Literalmente, "ter uma memória que parece uma peneira". Dá para imaginar o que acontece: as coisas que temos de lembrar escorrem pelos furinhos.

> O The head of department has got **a memory like a sieve**, but he still relies on it instead of writing things down.

move on
virar a página

Esta expressão é muito usada em qualquer tipo de contexto, principalmente no caso de relacionamentos ou fases da vida. Parecida com outra que já foi apresentada anteriormente, mas com a nuance de deixar para trás as coisas ruins, porque a vida continua. A ênfase recai sobre *on*.

> O Several years after the worst terrorist atrocity this country has ever known, it is still hard for many of the victims to **move on**.

my mind went blank
deu um branco

Nos dois idiomas, as frases são muito parecidas, apesar de *blank* ser um falso cognato, significando "oco, vazio", e não "branco". É a frase que costumamos usar quando, de repente, não sabemos o que dizer nem o que estávamos falando. Quando acontece com os jornalistas em uma transmissão ao vivo, é muito engraçado.

> O They asked me in the interview to describe a time when "I had successfully managed a situation of conflict" and **my mind went blank**. It was so embarrassing, and the thing is, I'd prepared an answer for that question.

slipped my mind
fugir da cabeça

Em inglês, equivaleria a "escorregar da mente", uma imagem muito ilustrativa. Normalmente, usamos a frase no passado para nos desculpar. É uma expressão muito comum, mas elegante.

> O —You do know that today's my birthday, don't you?
> —Oh, I'm sorry, darling. It must have **slipped my mind**. Are you sure it's today?

LOOK ON THE BRIGHT SIDE

OTIMISMO E PESSIMISMO

otimismo

have high hopes
ter grandes esperanças

Normalmente, é usada quando nossas esperanças estão bem fundamentadas, quando há motivos para acreditar que tudo vai sair como esperamos. Repare no triplo *h*.

- From an early age; she showed great talent at sport, and now at the age of 19 we **have high hopes** that she'll win a medal at the next Olympics.

it'll turn out alright
tudo vai dar certo

"Não se preocupe, tudo vai dar certo." Não se sabe muito bem por que vai dar certo, mas é a frase que costumamos dizer para tranquilizar alguém que está nervoso ou em uma situação complicada.

- —What's wrong?
  —It's my flight back from Sydney to Singapore and Madrid; I'm still on the waiting list for the dates I need.
  —Don't worry; there's plenty of time yet. **It'll turn out alright**, you'll see.

look on the bright side
veja pelo lado bom

Aposto que você já está assobiando a melodia que encerra *A vida de Brian*, não é? É inevitável. Esta frase otimista diz justamente que toda situação, por pior que seja, tem um lado positivo. Se bem que talvez não tenha sido o caso do pobre Brian...

> —Bad news; my son has failed most of his exams and he won't be able to start university this year.
> —Well, **look on the bright side**; he'll be more mature when he does start university, won't he?

the feelgood factor
sensação de bem-estar

"O fator bem-estar" faz referência às sensações agradáveis, aos momentos de felicidade que influenciam as decisões ou as atitudes de pessoas ou grupos. Por exemplo: é mais fácil aprovar uma lei na semana em que o time da cidade ganhou o campeonato, porque grande parte da população está contente e dificilmente vai protestar.

> **The feelgood factor** helped the popularity of the new government for the first year, but then a number of quite unpleasant things happened.

pessimismo

don't get your hopes up
não se entusiasme

Ou seja, mantenha os pés no chão e tente ser realista, porque tudo isso que você espera talvez não aconteça. É uma frase muito recorrente.

> Remember what I told you; **don't get your hopes up** with this boy. You'll only get hurt again.

OTIMISMO E PESSIMISMO

doom and gloom
pessimismo

Pode ser usada em qualquer contexto e com qualquer tempo verbal para indicar uma atitude derrotista e fatalista. Alguns meios de comunicação sempre usam essa perspectiva porque é sensacionalista e vende muito. Repare na repetição de *oom*, pronunciado como um *u* longo e seguido de *m*.

> —I've stopped watching the news on TV; it's all **doom and gloom** these days.
> —But wasn't it always like that?

if anything can go wrong, it will
se algo pode dar errado, dará

É a famosa lei de Murphy. Ele foi um engenheiro aeroespacial norte-americano do século XX, mas a frase é muito mais antiga. Como vemos, até a "lei" deu errado para o pobre Murphy, pois já havia sido inventada.

> —Is there anyone here who doesn't think we'll have the new software ready for March 15th?
> —Well, there's still a lot of development to do, and **if anything can go wrong, it will**.
> —I don't want any skeptics on my team!

sackcloth and ashes
fazer penitência

É uma expressão de origem bíblica que não temos em português, mas que se usa para indicar que alguém está triste e se sente culpado devido a uma tragédia ou situação ruim.

> —Incredibly, Spain were eliminated in the first stage of the World Cup finals after so many years of triumphs.
> —Yes, 2014 was definitely **sackcloth and ashes** for the national team.

that dog won't hunt
não vai dar certo

Expressão norte-americana usada para descartar uma ideia ou uma proposta, dizendo que ela não vai funcionar.

> —It's true we've had a few technical issues, but by making one small change to the graphics card...
> —No, **that dog won't hunt**. The problem is not just the graphics.

BEAR WITH ME

PACIÊNCIA

espere, espere

all will be revealed
você já vai saber

É a frase característica de quem já sabe o que está rolando, mas quer fazer mistério. Dá muita raiva ouvi-la, e é comum que seja usada pelos pais quando se dirigem aos filhos ou pelos mágicos ao falar com a plateia.

- —But how do you make the sound come out of that?
  —Don't worry. **All will be revealed**.

bear with me
tenha paciência

Em outras palavras, "me escute" ou "espere". É a frase usada quando queremos que o outro continue prestando atenção enquanto contamos ou mostramos algo.

- —So why wasn't the bus ready to take us to the conference centre? We arrived an hour late!
  —**Bear with me**, please. When you hear what happened, perhaps...

count to ten (first)
respire e conte até dez

É usada para dizer a alguém (ou a si mesmo) que é bom pensar antes de falar, que é melhor se acalmar, para não dizer bobagens.

- —This is totally unacceptable! I'm going to see them immediately and tell them to...
  —Hang on! **Count to ten** before you do anything. You might regret it later.

fleumático

keep calm and (carry on)
mantenha a calma e (siga em frente)

A frase que está na moda e já sofreu trocentas transformações surgiu, como você deve saber, da propaganda que o governo britânico cogitou usar durante a Segunda Guerra Mundial. A mensagem, que chegou a ser impressa, mas nunca utilizada, destinava-se à população civil, para que as pessoas tocassem a vida apesar da situação complicada.

> —What's happening? Why are we evacuating the building?
> —**Keep calm and** meet in the car park with the others. It's just a simulation.

the patience of a saint
paciência de Jó

É que os pobres santos passaram poucas e boas em vida. Aplica-se às pessoas que têm uma paciência incrível. Existe a variante *it's enough to try the patience of a saint*, "é suficiente para testar a paciência de um santo", que se usa diante de alguém ou algo totalmente insuportável. Repare na repetição do som *ei* nos dois substantivos.

> —How many times have I told you not to leave your toys lying on the floor? **It's enough to try the patience of a saint**!
> —Sorry, Mum.

without batting an eyelid
sem pestanejar

Ou seja, sem se alterar, com total serenidade. Pode ser usada com conotações tanto positivas quanto negativas.

> —He told us **without batting an eyelid** that we'd have to buy a new TV because they don't make spare parts anymore, even though we'd only had it for two years.

impaciência

(live) like there's no tomorrow
(viver) como se não houvesse amanhã

Frase que roubamos do inglês e que é similar a *carpe diem*, ou seja, "aproveite o dia". Não é tão positiva quanto esta última, pois costuma ser usada para criticar alguém por agir com exagero ou certa ansiedade.

- —Why do you insist on **living like there's no tomorrow**?
  —Ask me when it is tomorrow, okay?

bored to tears
bored shitless
morrer de tédio

Em português, nós nos entediamos até a morte e, em inglês, até chorar ou até ficar sem vontade de usar o banheiro… Nem é preciso dizer qual das duas é a mais vulgar.

- —What did you do on Saturday night?
  —I stayed home and watched the Eurovision Song Contest.
  —I didn't know you liked that kind of trash.
  —I don't; I was **bored shitless**.

Jesus wept!
pelo amor de Deus!

Expressão de impaciência ou frustração um pouco mais vulgar que seu equivalente em português. Não a use com pessoas muito crentes ou em contextos religiosos, porque vai pegar mal.

- —Nacho has just phoned to say he can't come to the barbeque, and he was the one who was going to bring the meat.
  —**Jesus wept!** Couldn't he have told us before?

BY ALL ACCOUNTS
INSTITUIÇÕES DIVERSAS
é o que dizem

by all accounts
ao que parece

Ou, em outras palavras, "pelo que todo mundo diz", que seria uma tradução da frase em inglês. Enfim, indica que tudo aponta na mesma direção.

- —**By all acounts**, there are now more golf courses in the region of Valencia than there are in Scotland.
  —Yes, but it rains enough in Scotland for the golf courses.

I understand that
I hear that
I'm reliably informed that
pelo que sei

Três versões da mesma expressão que variam um pouco em intensidade (a terceira é mais solene e intensa que as outras duas) e que são usadas para mostrar que sabemos de algo, geralmente de fonte segura.

- **I understand that** you've been talking to the media about some of this company's internal affairs... Well?

minha impressão

come across as
dar a impressão de que

É usada geralmente para falar de pessoas e suas características, mas também se aplica a coisas. É um julgamento pessoal que tornamos universal. Por exemplo, quando pensamos que um ator é assim ou assado com base em fotos ou entrevistas.

- Do you realize that you **come across as** being quite cold? Try to smile a bit more when you talk and use a wider voice range.

I get the impression that
tenho a impressão de que

Em inglês, expressão muito frequente e elegante para darmos nossa opinião ou expressar nossos sentimentos de uma maneira bastante clara.

- —**I get the impression that** you're avoiding me. You don't answer my emails, phone calls...
  —That's just your imagination. Have to go now, bye!

it looks like / as if
parece que

Agora estamos falando de maneira objetiva, sem nenhuma valoração pessoal, porque todos os indícios apontam para isso. Atenção, porque depois de *like* usamos um substantivo, e depois de *as if*, uma oração subordinada.

- **It looks as if** it's going to rain; we might not be able to do that 8 km walk today.

it strikes me as / that
acho que

Muito frequente e coloquial, é a frase que dizemos quando uma ideia acaba de nos ocorrer, sem muita reflexão. A estrutura é *that* + verbo em *-ing*, *as* + adjetivo.

- —So what do you think of the food here?
  —**It strikes me as** excellent value, only €15 for the set meal.

parece claro

I have no doubt (that)
não duvido
não tenho dúvidas

É usada quando temos bastante certeza de algo, quando achamos que as coisas são exatamente como pensamos.

> O I have **no doubt that** she will be good enough to turn professional one day, and I've been coaching youngsters for over 20 years.

it's pretty clear to me that
para mim é óbvio

É uma opinião pessoal expressada com muita veemência, mas que não oferece dados objetivos, de modo que continua sendo uma mera opinião. É muito usada em debates políticos.

> O **It seems pretty clear to me that** the media had decided that my son was guilty before the trial because he is black.

the general feeling is (that)
a impressão geral é
there's a strong consensus
o consenso é

Duas expressões muito formais para dizer que muita gente (importante) pensa a mesma coisa e, portanto, seja o que for que essas pessoas pensam, deve estar certo. É usada para emitir a opinião global de um grupo de pessoas.

> O Among the population, **the general feeling is that** these policies are based more on ideology than economics and that they are doing more harm than good.

there is robust evidence that
provas conclusivas de que

Expressão bem recente que surgiu no meio acadêmico, mas passou para contextos mais gerais, apesar de ser bastante formal. É usada para indicar que algo está provado.

> O Despite what some creationists think, **there is robust evidence that** we, along with all other forms of life, evolved over millions of years.

NECK AND NECK

PARECIDO OU DIFERENTE

a mixed bag
um pouco de tudo

A frase se refere à bolsa do caçador, dentro da qual, no fim de um dia de caça, podia haver de tudo: coelhos, faisões, pombos... Atualmente, é usada para qualquer miscelânea de objetos ou pessoas.

- —You had the auditions today for the school drama club didn't you? Any talent?
  —**A mixed bag**; some that want to be stars and two or three with real potential.

as different as chalk and cheese
como água e vinho

Em inglês se comparam o giz e o queijo, talvez porque as duas palavras comecem com o mesmo som. Seja como for, tanto o giz e o queijo quanto a água e o vinho são completamente diferentes.

- —Do people often get your twin daughters confused?
  —No, because they're as different **as chalk and cheese**.

(have) nothing in common
não ter nada em comum

É a mesma expressão nos dois idiomas, com os mesmos usos e as mesmas conotações. Esta é fácil, mas não queríamos deixá-la de fora.

- —Why have you two separated?
  —We realized that **we had nothing in common**.
  —After 10 years together?

like peas in a pod
cara de um, focinho do outro

Literalmente, "como ervilhas em uma vagem", ou seja, idênticos. Esta expressão data desde o século XV e é muito frequente. Pode ser usada com conotações tanto positivas quanto negativas.

- Our towns used to have their own distinct character, but now with the same chains of shops and the same architectural styles, they're all **like peas in a pod**.

miles apart
completamente opostos

Normalmente, é usada para indicar os dois extremos de uma discussão ou negociação, mas também pode valer para coisas ou pessoas que em nada se parecem.

- What the central government want and what the regional government want are still **miles apart**.

neck and neck
pau a pau

Vem dos comentaristas das corridas de cavalos, quando diziam que os animais estavam muito parelhos, "pescoço a pescoço", na mesma velocidade. Atualmente, é usada para qualquer situação muito emparelhada ou disputada.

- And now to the Spanish league, where Barça and Real Madrid are **neck and neck** on 87 points with three games left.

the spitting image (of someone)
cuspido e escarrado

Não se sabe muito bem de onde surgiu esta expressão. Há várias teorias, mas sempre se sugere que *spit*, que significa "cuspir", não estava na versão original. É usada quando duas pessoas são iguaizinhas fisicamente.

- —How old are you in this photo?
  —That's not me, it's my dad.
  —My God, you're **the spitting image** of him.
  —I don't think so!

CHERRY PICKING

PARTE OU TODO

across the board
de maneira geral

Board é um tabuleiro, uma lousa ou um mapa que nos dá uma ideia geral do que está acontecendo em uma situação. Dá uma ideia global de tudo que está acontecendo no momento. É isso que a expressão destaca.

- —Will these new conditions apply **across the board**?
  —Yes, to everyone who works here, not just those who have been employed for less than three years.

call me Mr Picky but
sem querer ser chato, mas

Extremamente clara. É um bom exemplo do inglês britânico, porque parece que vamos dizer algo pedante ou estúpido, mas a objeção que introduzimos com esta expressão costuma ser muito sensata, bastante evidente e até compartilhada por todos.

- —Apparently, he was just getting on the bus to accompany the players to a charity event when his mobile rang. It was the chairman telling him he'd been sacked. He got off the bus and went home.
  —**Call me Mr Picky but** I find that lacking in common decency.

cherry pick
manipular informações

Expressão norte-americana bem recente, mas que já se estendeu a todos os contextos. É usada para criticar as pessoas que, em favor próprio, escolhem as informações que lhes interessam e não dizem toda a verdade.

- You say the evidence is clear that this is needed, but in fact you're **cherry picking** your statistics. Two other major studies have shown just the opposite.

split down the middle
dividido

É usada no caso de decisões muito disputadas e/ou polêmicas; por esse motivo, os meios de comunicação gostam muito dessa divisão salomônica.

- Local residents are **split down the middle** over the plans to build a new shopping centre here.

swing for the fences
fazer de tudo

Expressão norte-americana que deriva de um lance no beisebol em que o jogador rebate com todas as suas forças para mandar a bola por cima da cerca. Implica um esforço titânico para obter o melhor resultado possível.

- With the launch of their new automobile, this struggling company is **swinging for the fences**.

the whole nine yards
com todos os detalhes
com riqueza de detalhes

Frase norte-americana de origem incerta que se tornou popular durante os anos 1970 e indica que alguém conta, explica ou oferece absolutamente tudo que tem.

- —Our company was taken over by another one and they gave us a two-day seminar on how we have to work from now on.
  —Two days? They really gave you the **whole nine yards**!

WALKING ON AIR

DIVERTIR-SE OU NÃO

transbordar de felicidade

(be) music to one's ears
ser música para meus ouvidos

Gostamos tanto de ouvir boas notícias quanto de escutar música boa. Essa é a ideia por trás desta frase: é bom ouvir coisas boas.

- —What's the temperature in Tenerife?
  —About 24º Celsius.
  —Oh, that's **music to my ears**. I can't wait to get there.

walking on air
flutuar
andar nas nuvens

A tradução é "caminhar no ar" ou flutuar, com aquela sensação de leveza de quando tudo anda bem e estamos contentes. Normalmente se usa no presente.

- —I hear you got the job you were interviewing for. Congratulations! How does it feel?
  —Oh, I'm **walking on air** at the moment; I can't believe it's happened.

bode total

a party pooper
desmancha-prazeres

É usada exatamente como em português. Não se aplica só a quem estraga uma festa ou uma reunião, mas também ao especialista em destacar sempre os defeitos e o lado menos agradável da situação.

> —It's been great, everyone, but I have to go. See you all tomorrow!
> —Oh, don't be **a party pooper**, Roger. It's too early.
> —I'm sorry but I'm giving a seminar at 9am tomorrow, guys.

a slap in the face
um tapa na cara
uma facada nas costas
um golpe baixo

Não é necessário dizer muito, as imagens são bem ilustrativas e podem se resumir a "eu não esperava isso de você". Tanto a bofetada quanto a facada implicam uma traição inesperada que nos deixa muito sentidos.

> Increasing the tax on the cultural industries to 21% was a real **slap in the face**, especially when they were already struggling.

more's the pity
infelizmente

A frase indica que algo é uma lástima, uma pena. Costumamos usá-la quando nos causa pena não poder ou não ter podido fazer alguma coisa.

> —This World Cup was a good tournament but our players just weren't good enough to have a real impact, don't you agree?
> —Yeah, **more's the pity**.

I STAND CORRECTED

PERSUASÃO

go cap in hand to someone
suplicar

Em inglês, é "ir de chapéu na mão", e a imagem é do operário que tira o capacete para pedir algo ao chefe. A expressão tem uma conotação humilhante.

- You don't have to **go cap in hand** to the boss to ask for a day off; you're allowed by law to have a few days off each year for personal business, you know.

I stand corrected
retificando

Uma frase bastante formal usada para admitir um erro que a pessoa acabou de perceber que cometeu. Indica que a pessoa é justa e não tem medo de admitir seus erros.

- —So when Christopher Columbus discovered the Americas in 1492, he…
  —Excuse me, weren't there millions of humans there already? Don't they count?
  —**I stand corrected**. When he first landed in the Americas, he…

sweep someone off their feet
impressionar alguém

Não existe um equivalente exato em português, mas a frase é bastante ilustrativa: gostar tanto de alguém a ponto de suas pernas cederem, como se estivesse prestes a desfalecer. Normalmente se usa em um contexto romântico.

- —If you think you're going to meet someone in a pub or on the metro who's going to **sweep you off your feet**, you're wrong. You should join a dating site.

there's a lot to be said for...
ser muito vantajoso

Embora não exista equivalente em português, podemos entendê-la perfeitamente. É usada para descrever as vantagens de uma determinada situação.

- **There's a lot to be said for** having a federal state. It works fine in Canada, Australia and the USA.

the squeaky wheel gets the grease
quem não chora não mama

Literalmente, significa "a roda que faz barulho é a que ganha graxa", e o significado é claro: se não dissermos o que nos incomoda, se não reclamarmos, ninguém vai saber o que está acontecendo nem tentará nos ajudar.

- —How is it that you got a table with a view of the mountains and ours is next to the toilet?
  —**The squeaky wheel gets the grease**, don't you know?

think again
pense bem

Uma frase habitual em filmes e séries, usada para dizer a nosso interlocutor, de uma maneira bastante direta, que ele está equivocado. Quase sempre é um imperativo, associado a uma oração condicional anterior que começa com *if*.

- If you think this town doesn't have a drug problem, **think again**. I just spent a weekend with local police officers, and...

with all due respect
com todo o respeito

É uma frase formal que nos dá permissão para, na sequência, depois dizer o que quisermos – que pode ser qualquer barbaridade –, porque já deixamos claro que falamos com respeito. Normalmente, é usada com alguém hierarquicamente superior.

- —It is clear that this community needs easier access to the rest of the city, and...
  —**With all due respect**, surveys show that better public transport rather than more roads is what the people need.

TOUCH AND GO

POSSÍVEL OU IMPOSSÍVEL

a pipe dream
uma quimera

Em referência aos cachimbos de ópio que causam relaxamento e sonolência, este "sonho de cachimbo" é fruto da imaginação, uma fabulação irreal. A frase foi cunhada no fim do século XIX, nos Estados Unidos.

- They thought they'd be able to defend their frontiers and their towns without using military force but it was just **a pipe dream**.

beyond / within the realms of possibility
fora/dentro do possível

Expressão formal que só costuma ser usada em contextos literários, jornalísticos e políticos. Literalmente, significa "além/dentro dos reinos da possibilidade".

- —Would you say it is **beyond the realms of possibility** that we can sit down and negotiate with these terrorists?
  —If they are prepared to lay down their arms, then it is certainly **within the realms of possibility**.

boil the ocean
viajar na maionese
construir castelos no ar
contar com o impossível

"Ferver o oceano" é impossível. A frase é usada especialmente em ambientes profissionais para se referir a predições e previsões de venda impossíveis considerando-se os dados disponíveis.

- —I confidently predict that we're going to sell five million of these in just the first month, and by...
  —Wait a minute! Aren't you **boiling the ocean** there?

(have) great expectations (for somebody)
(ter) grandes esperanças (para alguém)

Great expectations é o título de um livro de Charles Dickens publicado em fascículos entre 1860 e 1861. A expressão costuma ser usada em relação a uma pessoa sobre a qual depositamos grandes esperanças. Quando o livro foi publicado, *great* geralmente significava "grande", enquanto hoje em dia é usado mais no sentido de "excelente".

- As he was the first child in the family ever to have a university education, they had **great expectations** of him. However, he just wanted to be a rock singer.

if pigs could fly
yeah, and pigs might fly
no dia de são Nunca

Pouco se pode acrescentar a algo tão improvável. De fato, no álbum *Animals*, do Pink Floyd (1977), aparece um porco sobrevoando a Battersea Power Station em Londres. Também podemos dizer *yeah, and pigs might fly*, para acabar com os delírios de um interlocutor que só desperta nossa incredulidade.

- —This is a lovely area of town; do you think we could ever afford to buy a house here?
  —**Yeah, if pigs could fly.**

it's anybody's guess
your guess is as good as mine
ninguém sabe
sei lá
não faço ideia

Curiosamente, estas expressões são próprias dos especialistas nos temas em discussão. Talvez porque só os mais sábios conhecem as limitações de seu saber.

- —How do you think the international money markets will react to the Chinese government's decision?
  —**It's anybody's guess**, really. The Hang-Seng in Hong Kong and the Nikkei in Tokyo will be the first to react, so...

no chance
sem chance

Mais breve e categórico, impossível. Usamos muito a frase para deixar claro que não pretendemos fazer o que estão nos pedindo, especialmente quando o que se discute depende de nossa vontade, e não de uma possibilidade física.

> —Look, we both handled our break-up badly, but I think we can still be friends.
> —**No chance**.

no hope in hell
nem sonhando
nem a pau

O significado é o mesmo que o da frase anterior, mas com a ênfase extra em inferno (*hell*), onde não há esperança possível. Existe também a variante *not a hope in hell*. Repare na repetição do *h* aspirado.

> —Will you have the final chapters ready for the editor by the end of the week?
> —**No hope in hell** of having them ready by then! Remember we started a month late?

pie in the sky
um sonho impossível

A frase tem origem em uma canção de protesto do início do século XX escrita pelo sindicalista norte-americano Joe Hill, em que ele debocha da ideia de salvação cristã, segundo a qual temos de aguentar o sofrimento da vida terrena para poder desfrutar de uma eternidade perfeita: recompensa impossível de alcançar em curto prazo, assim como a torta da canção. Repare na repetição musical do som *ai* nos dois substantivos.

> When they said that an Afro-American could be elected President of the United Sates in my lifetime, I always told them that was **pie in the sky**. How wrong I was!

touch and go
estar por um fio

Indica que a situação é muito delicada e que não se sabe como pode acabar.

> —How is she, doctor?
> —I'm afraid it's **touch and go**. You go and get some rest, and we'll let you know if there are any developments, either way.

A SPANNER IN THE WORKS

PROBLEMAS

o porquê

a voice crying in the wilderness
pregar no deserto

É uma frase comum na Bíblia, usada quando alguém diz algo que vai contra a opinião geral ou quando alguém fala apesar de saber que ninguém vai lhe dar ouvidos. É um tanto triste, não? Curiosamente, em inglês, a expressão faz referência a um lugar fértil e frondoso e, em português, a um local totalmente ermo.

- I know I might be **a voice crying in the wilderness**, but I feel that having more police on the street is not actually going to change anything.

the devil is in the detail
o diabo mora nos detalhes

É uma expressão moderna e desconhecida antes de 1975. É usada para dizer que o mais difícil é fazer os detalhes funcionarem e que qualquer plano bem traçado pode fracassar por causa de pormenores.

- This new European Union legislation looks like a good solution at first sight, but **the devil is in the detail**, as usual, and it could end up being totally ineffective.

the root of the matter
chegar ao fundo da questão

Em inglês, é "a raiz da questão", que, no fundo, fica no fundo da planta, certo? Trata-se de saber tudo sobre algum assunto, especialmente quando suspeitamos de que a outra pessoa está escondendo algo.

- We don't believe that this change in behaviour is down to something that happened at your school. Something else is going on and we need to get to **the root of the matter**. Do you understand?

mea culpa

be one's own worst enemy
ser seu pior inimigo

Às vezes, fazemos coisas erradas que têm consequências desastrosas em nossa vida. Nesses casos, dizemos que somos nosso pior inimigo, pois não precisamos de ninguém para estragar as coisas por nós.

- —Sometimes I think I'**m my own worst enemy**.
  —Why do you say that?
  —I speak too freely; I don't consider the consequences.

have no-one to blame but yourself
have only yourself to blame
a culpa é toda sua

Evidentemente, pode ser usada em qualquer tempo verbal e com qualquer pessoa do discurso. É similar à anterior, mas, neste caso, o problema não se deve a um defeito de nossa personalidade, e sim a uma situação pontual na qual pisamos na bola.

- You've failed your physics, history, maths and geography exams? You **have only yourself to blame**. You've done no work all year.

own up
confessar

É um *phrasal verb* muito comum, inclusive entre meninos e meninas. É usada para pedir a alguém que admita algo. É muito informal, mas pode ser usada em qualquer contexto, porque não é vulgar.

○ —I know you sent me a bunch of flowers for my birthday anonymously. Come on, **own up**!
—A bunch of flowers? No, it wasn't me!

obstáculos

a fly in the ointment
um senão
uma inconveniência

É uma coisa nojenta e complicada tirar uma mosca de qualquer tipo de líquido. A expressão é usada para qualquer contratempo que surja em um projeto ou situação que, de resto, estava indo bem.

○ —So, I think we're close to a full divorce settlement, assuming your husband agrees to you getting the house. Or is that going to be **a fly in the ointment**?
—Oh, God, almost certainly.

a thorn in the flesh
a thorn in my side
uma pedra no sapato

É uma frase da Bíblia usada para as coisas que nos incomodam, irritam ou preocupam durante muito tempo e acabam se transformando em um complexo ou em uma obsessão.

○ The way he keeps saying that other teams are interested in signing him is a real **thorn in the flesh** for this club. And their patience with his attitude is wearing thin.

out of your depth
não dar conta de algo

Pode ser usada com qualquer pessoa e tempo verbal e indica que alguém está em uma situação complicada, com a qual não sabe lidar porque lhe faltam conhecimentos.

- I can handle most basic operations on a computer, but some of the things they're now asking me to do leave me feeling **out of my depth**, so that's why I'm asking for some specific training.

put / throw a spanner in the works
atrapalhar
estorvar
empatar

Em inglês, quem empata as coisas enfia uma chave inglesa no maquinário. O significado é claro: quem faz isso fica procurando problemas e obstáculos em tudo que está em andamento.

- I don't want to **throw a spanner in the works** but we simply don't have the capacity to handle so many visitors at the same time.

wheels within wheels
coisa complexa/intricada

É usada quando algo parece fácil, mas, no fundo, é bastante complexo. Como dizem em inglês, tem "engrenagens dentro das engrenagens".

- —It might prove difficult to make these changes, even though there's a popular mandate to do so.
  —There are **wheels within wheels**?
  —Exactly.

problemas

catch someone napping
pegar alguém desprevenido

Na realidade, a frase diz "pegar alguém dormindo" quando, como você pode imaginar, deveria estar prestando atenção. É usada coloquialmente e indica que alguém anda um pouco acomodado.

- Bayern Munich **caught Chelsea's defence napping** twice in the first half hours so it's 2-0 at half-time. We'll be back in 10 minutes.

get into trouble with someone
estar encrencado com alguém

É usada quando temos um problema com pessoas hierarquicamente superiores, sejam pais, professores, chefes, a justiça ou até mesmo a Receita Federal.

- She **got into trouble with** her parents for not being at her friend's house when they went to pick her up at 2am.

have teething problems
passar por problemas iniciais
fase inicial

Em inglês, a frase fala em "problemas de dentição", que é praticamente o único problema que se tem em tenra idade. Usa-se a mesma expressão quando uma empresa ou um projeto está em sua fase inicial.

- —Heathrow's new baggage handling system is **having some teething problems**, but that's quite normal in...
  —Are you saying it's normal for 35,000 passengers to go without their baggage?

on a collision course (with)
em rota de colisão (com)

"Se tudo continuar assim", é o que parece dizer esta expressão, "vai acabar batendo em..." Normalmente usada quando aquilo que fazemos vai nos causar problemas com algo ou alguém. É uma sugestão para mudar e evitar o desastre.

- His negative attitude to teamworking has put him **on a collision course with** his colleagues.

put a cat among the pigeons
causar confusão

A frase em inglês foi título de um famoso livro de Agatha Christie. Significa semear o caos. É o que acontece quando se coloca um gato entre pombos.

> When the Prince announced that he intented to marry a Scandinavian model, that really **put a cat among the pigeons** in the establishment.

problemões

another nail in your coffin
cavar a própria cova

Não são exatamente iguais, mas as duas expressões fúnebres significam que a própria pessoa está minando os próprios esforços e se condenando ao fracasso.

> First, he used his connections with the royal family to win contracts, then he lied to the tax department, then he used public money for his own purposes. That was **another nail in his coffin**.

hit the rocks
ir para o brejo

Literalmente, "bater nas rochas". Como você pode imaginar, descreve uma situação que acaba muito mal. Aplica-se a qualquer situação ou projeto que acabe da pior maneira possível.

> —I heard your sister and her husband were having a difficult time.
> —More than difficult; their relationship has **hit the rocks**. It's going to be a question of lawyers soon.

what's your problem?
qual é o problema?

Esta é outra expressão que você deve ter ouvido milhares de vezes em filmes e séries, pronunciada com bastante mau humor por um dos personagens. É uma maneira muito direta e agressiva de perguntar ao outro se este tem algo a dizer, normalmente depois de este ter sido particularmente desagradável.

> —I don't know why everyone comes round here thinking I'm gonna solve everything for them!
> —Hey, **what's your problem**? I just asked you if you knew where Charlene is!

sobreviver

baptism of fire
batismo de fogo

Expressões equivalentes que falam da primeira prova importante que alguém enfrenta no trabalho ou na vida.

> His first two matches as manager were against Real Madrid and Barça, both away from home. It really was a **baptism of fire**, but in both matches his team were undefeated.

not to worry
não se preocupe

Não vale a pena se preocupar, diz a expressão, que é otimista e nos incita a não pensar nas coisas ruins, a encarar tudo com mais calma.

> —We really should have the barbeque started by now, I think.
> —**Not to worry**, we'll have it going in plenty of time!

put one's (own) house in order
pôr a casa em ordem

Usamos esta expressão para dizer que alguém, antes de sair dando conselhos, deveria consertar sua própria situação. Como tantas outras expressões que vimos, vem da Bíblia.

> It's one thing for them to introduce legislation about corruption in public life, but shouldn't they **put their own house in order first**?

STICK IT UP YOUR JUMPER

RESIGNAÇÃO OU REBELDIA

inaceitável

out of the question
nem pensar!
isso está fora de questão!

Forma educada, mas bem firme, de se opor a alguma coisa. Indica que aquilo que se discute é totalmente inegociável ou inquestionável. Literalmente, significa "fora da questão".

- —One thing is a divorce, but you want the house, the car and custody of the children? That's absolutely **out of the question**.
  —We'll see about that!

put one's foot down
bater o pé

Sabe aquele gesto de raiva característico que fazemos quando não concordamos com alguma coisa? Quando batemos o pé no chão? Pois é a isso que esta frase se refere: ao momento em que a gota d'água faz o copo transbordar, quando as coisas passam do limite que estamos dispostos a suportar. Atenção, é usada sempre no singular. Repare na repetição do som *u* em *put / foot*.

- They have reduced our public health service, they have cut public education, they have privatised essential services so that their friends can make millions; when are the citizens going to **put their foot down**?

que remédio...

deal with it!
segure essa!
vire-se

Uma frase muito norte-americana. É usada para acabar com as reclamações de alguém, para lhe dizer que fique esperto e tome as rédeas da situação. Em outras palavras: que cale a boca e faça o que tem de fazer.

- —I've got so much work at the moment and there are two people sick in the department. Do you think Human Resources could...
  —Hey! **Deal with it**! You're not the only one who's overworked.

fair and square
jogo limpo
vitória justa

Expressão muito utilizada para dizer que a vitória de alguém foi justa. Costuma ser usada quando existe algum conflito e alguém não sabe aceitar a derrota.

- This is mine! I won it **fair and square** playing poker.

what else could I do?
que se há de fazer?

Aqui temos uma pergunta retórica, totalmente resignada, que se usa quando não queremos fazer algo, mas não temos alternativa. Pode ser adaptada a todos os tempos verbais e usada com todos os pronomes: *What else can Laura do?*

rebeldia

stick it up your jumper
enfie naquele lugar

> —So you've got no money because Chris didn't have any?
> —That's right. I had to pay for her meal and drinks, because she hadn't been paid by her boss. **What else could I do**?

Uma expressão contundente para dizer a alguém "nem pensar", que não pretendemos fazer o que nos pediram nem aceitar algo que nos ofereceram. Há versões mais explícitas com *arse* (GB) e *ass* (EUA), "bunda" em ambos os casos. O uso de *jumper* (sinônimo de pulôver) nesta expressão não tem muita lógica, mas até os Beatles a cantavam ao final de *I am the walrus*.

> —So did you accept the promotion they offered you?
> —Twice the responsibility for just €125 more a month? I told them to **stick it up their jumper**.

PLAY YOUR CARDS RIGHT

SENSATEZ OU INSENSATEZ

a trap for young players
pegadinha para iniciantes
pega-trouxa

Expressão que usamos quando fazemos algo errado por falta de experiência. Pode se referir a uma pegadinha de verdade ou simplesmente a algo que não sabemos.

- Okay, here's **a trap for young players**: sometimes people change their money into the local currency at the destination airport. Don't. You always get a better rate in town, at banks and at money changers.

against your better judgement
relutantemente

Sim, às vezes fazemos coisas que o cérebro ou o coração nos dizia para não fazer. Talvez por pressão ou porque achamos que podemos tirar algo de bom da situação. Quando usamos esta frase é porque já descobrimos que pisamos na bola, ou seja, já é tarde demais.

- I studied economics, **against my better judgement**, though I didn't think I'd be very good at it. And I wasn't, so I switched to art history.

fall into the trap
cair na armadilha

Expressão idêntica nos dois idiomas. Indica, com certo mau humor, que não estamos atentos e que alguém está nos enganando. Também é característica de filmes, HQs, livros e até canções.

○ —A friend of mine met a woman on-line and she asked for some money so that she could get a visa to come to see him, and...
—And when he sent her the money, he never heard from her again, right? I know two guys who **fell into the** same **trap.**

get the wrong end of the stick
entender tudo errado
entender tudo ao contrário

Literalmente, "pegar o cajado pelo lado errado". É de origem medieval, de uma época em que as pessoas sempre andavam com um cajado, que tinha um lado entalhado para acomodar a mão e o outro sempre em contato com a terra.

○ —I said I wouldn't mind going to Soria again, not that I didn't want to. How come you always **get the wrong end of the stick**?
—Oh, so it's my fault, is it?

(have) bats in the belfry
não bater bem da bola

Em inglês se diz que a pessoa tem "morcegos no campanário". É usada carinhosamente com quem é um tanto excêntrico. Sua origem é norte-americana, embora pareça totalmente britânica.

○ —My grandfather is still in very good physical condition, even though he's 93.
—What about his mind?
—Hmm... quite lucid most of the time, but he's definitely got **bats in the belfry**.
—How sweet!

play your cards well / right
jogar as cartas direitinho
dar as cartadas certas

Se a vida fosse uma partida de baralho, teríamos de jogar da melhor maneira possível com as cartas que recebêssemos para que as coisas dessem certo. É a isso que esta expressão se refere: diz que temos de fazer o melhor possível com os recursos que temos.

○ I know you're not happy with this change of department, but if you **play your cards right**, you could be promoted in a couple of years.

talk sense
ser sensato

É usada em uma grande variedade de contextos, normalmente quando há pessoas que não estão sendo sensatas e alguém tenta fazê-las parar e pensar. Existe também a versão *talk sense to* ou *into somebody* (fazer alguém enxergar a razão).

- —I can't get him to **talk sense**. He's really upset about something or he's been drugged.
  —Or he's taken some strong drugs.
  —He wouldn't do that!

think twice
pensar duas vezes
pensar bem

Uma expressão que usamos para exortar alguém a pensar e esclarecer tudo antes de agir.

- **Think twice** before you make that dish for the kids' party. It's probably too spicy for them. You could serve it to the parents through.

you could do worse
poderia ser pior

Sim, sabemos que o que está acontecendo não lhe agrada, mas poderia ser pior; portanto, conforme-se. Basicamente, esta frase é uma ode à resignação.

- —I've been offered a place at a cookery school but I'm not too sure about being a chef.
  —**You could do worse**. It's a good opportunity for you.

you'd be well advised to
é melhor você

Esta frase também nos aconselha a fazer algo, mas de maneira positiva. Na verdade, costuma ser usada com um tom levemente ameaçador, para dar uma ordem velada.

- —I've been offered a place at a cookery school, but I'm not too sure about being a chef.
  —**You'd be well advised** to take it. Don't let this opportunity go by.

GIVE THEM AN INCH

SOCIEDADE E RELAÇÕES DE PODER

estar em dívida

forever in your debt
estarei sempre em dívida com você

Quase igual nos dois idiomas e fácil de entender. É usada quando alguém nos faz um favor muito grande e precisamos agradecer. É um tanto formal e tem muita força.

- —If you can possibly say something to them on my behalf, I'll be **forever in your debt**.
  —Let me see what I can do, but I'm promising nothing.

I owe you one
eu lhe devo uma

É a versão *light* da expressão anterior. É mais informal e normalmente usada quando o favor não é tão grande assim. Frase característica nos filmes românticos e de ação. Na verdade, a versão em português surgiu por causa da dublagem desses filmes.

- —I managed to put in a good word for you.
  —Cheers; **I owe you one**.

SOCIEDADE E RELAÇÕES DE PODER

eles e o resto

don't rock the boat!
não crie caso

Expressão muito comum, significa literalmente "não balance o barco", ou seja, não arrume confusão, não desfaça o frágil equilíbrio que conseguimos.

> —You do know that by law they have to pay you extra for doing this, don't you?
> —Hey, **don't rock the boat!** We're lucky to have this job!

give them an inch and they'll take a mile
você dá a mão e o outro quer o braço

Ou seja, você dá um pouco de confiança e a pessoa abusa. Por isso, é melhor não oferecer mais que o estritamente necessário.

> —Many of us now think that it's a good compromise to let these people stay on some of the land that they've occupied.
> —I disagree; **give them an inch and they'll take a mile**.

how the other half lives
como vive a outra metade

É o título de um estudo social do fotógrafo Jacob Riis, publicado em 1890, que mostrava fotos dos habitantes mais desfavorecidos de Nova York. A expressão continuou sendo usada para falar de outras pessoas desfavorecidas ou marginalizadas em qualquer parte do mundo, situando o falante entre os privilegiados que vivem bem.

> We see these clothes at good prices in our shops, but we don't see **how the other half lives** in the textile factories in places like Pakistan and Bangladesh.

us and them
somos nós contra eles
luta de classes

Ou, em outras palavras, dois lados que se opõem, especialmente quando se fala de classes sociais. É excludente, ou seja, ou a pessoa está de um lado, ou do outro. Pode ser usada como adjetivo, ligando-se as palavras com hifens.

- —Your **us-and-them** mentality is a bit old-fashioned.
  —But don't you know that the number of millionaires has almost doubled since the recession began? It's always been a case of **us and them** hasn't it?

subir na vida

social climbing
subir na vida

A fixação dos arrivistas, pessoas que sobem na vida por meios rápidos e sem escrúpulos, aproveitando-se de todo mundo e explorando ao máximo suas virtudes para chegar ao topo. A expressão, com um claro tom pejorativo, funciona como substantivo, em inglês, e como verbo, em português.

- Part of **social climbing** for ambitious politicians sometimes involves changing their accents, so that they sound less regional or working class. Tony Blair did the opposite to sound less posh.

influências

behind every great man there's a great woman
por trás de todo grande homem há sempre uma grande mulher

É uma frase que ouvimos milhares de vezes e que pode ter um tom positivo ou negativo. Usada de maneira positiva, podemos entender que ao lado de um homem de sucesso há uma mulher que o apoia e o inspira; se usada de maneira negativa, entendemos que a mulher manipula o homem.

- Michelle Obama, lawyer and writer, style icon, seemed to embody the idea that **behind every great man there's a great woman**.

in the driving seat
in the saddle
à frente

Duas expressões para indicar quem é que manda de verdade: a pessoa que segue ao volante ou vai montada na sela.

- It's true that at that time Fujimori was the elected President of Peru, but it was the Intelligence Chief Vladimiro Montesinos who was really **in the saddle**.

put words in someone's mouth
pôr palavras na boca de alguém

Idêntica nas duas línguas, esta expressão bíblica é usada para dizer que alguém afirmou algo que, na verdade, não disse. Sim, a explicação saiu um pouco confusa, mas certamente você já sabe a que nos referimos.

- —But who **put those words in her mouth**? It wasn't her real opinion at all. It's the opposite of what she thinks.
  —That's what *you* say.

nós e eles

a cat may look at a king
na horizontal, todo mundo é igual

Expressão que destaca que todos somos iguais, por mais que tenhamos posições sociais diferentes. Em inglês se diz que um gato pode olhar para um rei, ou seja, ninguém é tão superior que outra pessoa não possa olhar para ele. Como diria Obelix, "esses anglófonos são loucos".

- —Why are you always staring at me in the cafeteria?
  —**A cat may look at a king**.
  —What's that supposed to mean?

born with a silver spoon in his / her mouth
nascer em berço de ouro

Ou seja, nascer em uma família rica ou poderosa. A diferença entre um idioma e outro jaz simplesmente no elemento com que se nasce: em inglês, uma colher de prata. A pobre Jezebel da canção que Sade gravou em 1985 não teve essa sorte.

- He became one of the country's most prominent businessmen but he wasn't **born with a silver spoon in his mouth.** He worked his way up from the most menial jobs.

Jack is as good as his master
ninguém é mais que ninguém

Esta é uma frase que se usa bastante na Austrália e na Nova Zelândia, onde as classes sociais não são tão demarcadas como em outros países. É usada para dizer que qualquer trabalhador (representado por Jack, nome muito comum) é tão bom quanto seu chefe; que não existem diferenças entre as pessoas devido a sua posição social ou econômica.

- One of the founding ideas of our nation is that one person does not have more rights than another. Put another way, we believe that **Jack is as good as his master**.

SOCIEDADE E RELAÇÕES DE PODER

poder

a big shot
peixe grande
the big cheese
chefão

Expressões similares, mas não equivalentes. Normalmente, há somente um chefão, mas pode haver vários peixes grandes ou cargos intermediários. Por isso uma das frases leva artigo definido e a outra, indefinido.

- —Who's the bald guy talking to Mr Hay?
  —That's Jordi; he's **the big cheese**. But he's okay really.
  —And who are those **big shots** over there?
  —The ones laughing so much? They're Jordi's family. They're not so okay. Rats, all of them.

get away with (blue) murder
permitir qualquer coisa

Literalmente significa: "safar-se tendo cometido um assassinato". Ou seja, a pessoa pode fazer o que lhe der na telha, sem medo de represálias.

- —She lets the kids **get away with murder**; they answer her back, they throw their toys around and cry if she doesn't pick them up.
  —It wasn't like that when we were young!

have someone by the balls
controlar/dominar alguém

Não é necessário dizer que a expressão é bem pouco formal e até um pouquinho grosseira, pois, com certeza, você já deduziu isso por conta própria. Fica claro que a vítima não tem muitas opções.

- —One chain of supermarkets takes 100% of our production; they insisted on an exclusivity contract and now that want us to cut our price by 15%.
  —What can you do about it?
  —Not much; **they've got us by the balls**.

have someone over a barrel
ter controle sobre alguém

É uma expressão norte-americana que surgiu em uma época na qual, quando alguém resgatava uma pessoa no rio, colocava-a sobre um barril. Seu uso se difundiu e é utilizada para indicar que temos controle sobre alguém.

- I'm afraid they**'ve got us over a barrel**. It's the only hotel in the area that can accommodate a large event like our conference, and they know it. That's why their price is so high.

power corrupts, and absolute power corrupts absolutely (all)
o poder corrompe e o poder absoluto corrompe absolutamente

A frase é do historiador vitoriano lorde Acton, mas conhecemos outras frases similares ligeiramente anteriores. É evidente que o poder sempre corrompe, e quanto maior for, mais corromperá. São tantos os exemplos que não sabemos por onde começar.

- —Minister, do you believe that **all power corrupts**?
  —No I don't, but I do believe that **absolute power corrupts absolutely**.
  —And yet, if we look at your government's record...

the power behind the throne
o poder na sombra

Às vezes pensamos que alguém está no poder, mas, na realidade, por trás da liderança visível há outra pessoa, que é quem realmente mexe os pauzinhos. Como se vê, é uma frase antiga que se refere ao trono dos reis.

- You're new here, so there's something you have to learn about this company; Rachel is officially our boss, but Paul is **the power behind the throne**. Watch what you say to him.

the powers that be
*os poderes instituídos
os detentores do poder*

Outra frase bíblica, que fala dos poderes que não seguem um curso formal, ou seja, que são autoridades devido à sua influência ou importância, mas não por merecimento. Costuma ser usada com muita ironia.

—What are you doing working in this department?
—Oh, **the powers that be** decided that my talents were best put to use down here.

reflexões

politically correct
politicamente correto

Uma expressão para lá de conhecida que dispensa apresentação. Pessoas politicamente corretas são um tanto insossas, não é? Tudo é positivo, elas se dão bem com todo mundo, nunca erguem a voz... Mas, na verdade, a expressão originalmente não tinha essa carga negativa, porque surgiu nos anos 1970 para falar e lutar pela igualdade das pessoas.

—The Police had no right to act like that just because he's black.
—But he was armed and violent!
—And would they have reacted that way if he was white?
—I see, it's just about being **politically correct**!

share and share alike
aprenda a dividir

Expressão característica das mães que levam os filhos para brincar no parque, quando querem que as crianças dividam o lanchinho ou os brinquedos. Costuma ser dita no imperativo, claro.

—She won't let me play with the house!
—Now then, Clara, what have I told you? **Share and share alike**.
—Yes, Mum.

OUT OF THE BLUE

SURPRESAS

eu não imaginava!

a turn-up for the book(s)
completamente inesperado

Tem origem nas casas de apostas em corridas de cavalos. Quando vencia um cavalo no qual não haviam apostado muito, a casa de apostas (*bookmakers*) e seus livros de contabilidade ganhavam muito dinheiro. Nesse sentido, a frase se parece com "a banca sempre ganha", mas não tem a mesma conotação de surpresa da frase em inglês. Cabe dizer que a surpresa pode ser boa, ruim ou regular.

- —What a day! Brilliant sunshine and 20º Celsius in mid-winter! That's **a turn-up for the books**, isn't it?
  —Well, it's called *climate change*, Mum.
  —I just call it *good weather*.

out of the blue
do nada

Uma expressão muito comum usada quando algo aparece sem mais nem menos. Não tem carga positiva nem negativa, e a surpresa também pode ser boa, ruim ou regular.

> For those who don't know her very well, her decision to leave her husband came **out of the blue**. Most people were amazed when they heard.

xi, vai dar rolo!

ruffle some feathers
causar alvoroço

Em inglês, a metáfora é com as penas das galinhas, que se eriçam ao menor alvoroço. É usada quando ocorre alguma mudança e se forma um burburinho, porque as pessoas ficam inquietas.

> Allowing women to be elected to the Board of Governors for the first time **ruffled a few feathers** when it was announced and then again when it was actually put into practice.

ora, ora

well I'll be damned
cacete!

Ou "caramba", se não quiser ser grosseiro. É uma expressão norte-americana de surpresa. *Damned* é um palavrão suave, mas, durante os anos 1950, era considerado vulgar e evitado em muitos filmes, simplificando-se a expressão para *Well I'll be!*

> —Did you know that your daughter came top of her class at medical school?
> —**Well I'll be damned**.
> —What you ought to be is proud.

OUT OF THE FRYING PAN, INTO THE FIRE

SORTE E AZAR

a stroke of luck
um golpe de sorte

Vem de *lucky strike*, que não é só uma marca de cigarros, pois também se refere ao golpe de sorte dos buscadores de ouro na Califórnia, mas, em vez de ser um verbo, *stroke* é um substantivo. Assim, a seco, é boa sorte. Se quisermos que indique azar, temos de acrescentar um *bad* antes de *luck*.

- —Would you like to go to that lovely Thai restaurant in the centre tonight?
 —Didn't you say last time it was a bit expensive?
 —Never mind. I've had **a stroke of luck**.

better luck next time
mais sorte da próxima vez!

Não tem importância, haverá uma próxima vez. É a frase que dizemos toda vez que sai o resultado da loteria. A ênfase recai sobre *next*.

- —Have you ever asked someone to marry you?
 —Yes, and they both said *no*.
 —Oh well, **better luck next time**.
 —There won't be a next time!

SORTE E AZAR

draw the short straw
levar a pior

Você já deve ter visto, em filmes, as pessoas partindo palitos e escondendo-os na mão, e quem tira o menor tem de fazer algo que ninguém mais quer fazer. É exatamente a isso que se refere esta frase, que também é usada em sentido figurado, mesmo que não haja palitinhos no meio.

> —So, somebody has to tell her that we don't accept her proposal, and whoever it is will have to face her venom. Let's see ...
> —Oh God, I've **drawn the short straw**!

fortune favours the bold
a sorte favorece os audazes

Quer dizer que tem sorte a pessoa que se atreve a fazer as coisas. Se ficarmos parados, é provável que a sorte não nos encontre.

> —If you like her, why don't you ask her to dance?
> —She'll probably laugh at me.
> —Go on! **Fortune favours the bold**.

get / have a raw deal
get / have a bum deal
receber um tratamento injusto

Literalmente, "receber uma mão (de cartas) ruim". É usada quando nos colocam em uma situação desfavorável que temos de enfrentar e resolver. A segunda versão, com "bunda" (*bum*), é, evidentemente, um pouco mais informal. A ênfase recai sobre o adjetivo: *raw* / *bum*.

> —They told everyone in my department that we had to accept part-time contracts or be interviewed for our own current full-time jobs, but that if we didn't pass the interview we were out.
> —That's a **raw deal**! Surely that can't be legal?
> —It is in this country.

have the devil's own luck
nascer com a bunda virada para a lua

Em inglês, quem tem sorte é o diabo. A expressão equivalente em português demonstra inveja e desprezo. Os anglófonos não são tão invejosos e, às vezes, usam a frase até mesmo com admiração.

○ She **has the devil's own luck**. Whatever she does, it turns out well for her.

I should be so lucky!
quem dera eu tivesse essa sorte!

Essa expressão costuma-se usar sem inveja alguma, com um sorriso de verdade. A ênfase recai sobre *I*.

○ —Is it true that you've got an original painting by Lucien Freud?
—Me? No! **I should be so lucky!**

I wish you luck
boa sorte para você
best of luck
boa sorte!
all the best for / with
boa sorte com...

Aqui temos três expressões para desejar sorte na vida ou em projetos. A terceira é a mais formal.

○ **I wish you luck** with your driving test.
Best of luck with the interview.
All the best for tomorrow!

just my luck!
que azar o meu!

É a frase usada pelos azarados para se queixar da sorte diante da última desgraça que lhes aconteceu. A ênfase recai sobre *just*.

○ —I'm waiting for you just outside the Arrivals lounge. Why haven't you come through yet?
—My baggage hasn't arrived from Edinburgh. I'm the only one. **Just my luck!**

lucky for some!
tem gente que tem uma sorte!

É usada com um pouquinho de inveja porque as coisas andam ótimas para outra pessoa. Ah, se eu tivesse essa sorte! A ênfase recai sobre *some*.

○ —What are you doing over New Year?
—Going skiing in the Alps.
—**Lucky for some**!

no such luck!
não tenho essa sorte

Tem as mesmas conotações que a anterior. Pode ser dita com certa resignação, por exemplo, nos mesmos casos que em português dizemos: "não dei sorte". A ênfase recai sobre *no*.

> —I heard that you go sailing quite a lot. Have you got a yacht?
> —**No such luck!**

on a lucky streak
em uma maré de sorte

Mesma família da frase anterior. É muito usada quando se joga baralho para dizer que estamos em uma maré de sorte e, por isso, não queremos parar.

> —You've now scored five goals in four matches.
> —Yes, I suppose I'm **on a lucky streak**. Let's hope it continues.

out of the frying pan, into the fire
da panela para o fogo

Existem milhares de variantes desta frase, cujo significado é evidente: fugir de algo ruim e encontrar algo pior. Sabia que é originária de uma fábula italiana do século XV? A ênfase recai sobre *fry* e *fire*.

> —The feedback from the clients wasn't as good as she'd expected, and then immediately afterwards, she had a meeting with the financial controller, who told her that she had to reduce staff costs by 10%.
> —**Out of the frying pan, into the fire**, eh?
> —Never truer!

pure luck
pura sorte

Esta não precisa de muitas explicações, porque todos já a usamos em algum momento da vida, quando inexplicavelmente passamos em uma prova ou fizemos das tripas coração para conseguir uma promoção no trabalho e não queremos que ninguém saiba.

> —How is that you managed to get an upgrade to business class on your flight to Hong Kong?
> —**Pure luck**. The flight was overbooked, and I was travelling alone, so they offered me an upgrade from Economy Class.

strike it lucky
ter um golpe de sorte

Também procedente de *lucky strike*, é sinônimo de *a stroke of luck*, mas aqui tem função de verbo.

- They **struck it lucky** in Australia. A company just happened to be looking for someone with that profile and they were both offered really good jobs.

take pot luck
conformar-se

É como a merenda escolar e os presentes de amigo-secreto da empresa: não se pode escolher, é preciso aceitar o que vier e fazer cara de contente.

- —Are we allowed to choose our own tables? We'd like that one by the balcony.
  —I'm afraid you just have to **take pot luck**.

the luck of the draw
puro acaso

Nessas situações, não temos nada a dizer nem podemos mudar as coisas, porque tudo é decidido pelo acaso. É usada com resignação quando as coisas não dão certo ou com alegria quando dão.

- When I did military service it was **the luck of the draw** whether you got the army, the navy or the air force. I got the navy but most of my time was spent working in a holiday camp for officers. I was basically a waiter. Again, **just the luck of the draw**-

tough shit
que merda

Dá para ver que é uma expressão bastante vulgar para se compadecer de alguém quando as coisas não dão certo. Mas também pode ser usada de uma maneira mais agressiva e com um pouco de ironia.

- —Did you get that job you interviewed for?
  —No.
  —**Tough shit**, eh?
  —Yeah.

you can't always get what you want
nem sempre se consegue o que se quer

Expressão que também é o título de uma canção dos Rolling Stones. Afirma que nem sempre podemos nos dar bem, que às vezes as coisas não saem como gostaríamos.

- —That's not exactly the tone I wanted. It should be a bit darker.
  —Well, **you can't always get what you want**. This is the very best match we have.

you make your own luck
fazer a própria sorte

Frase muito característica nos filmes, fala de trabalhar duro e se empenhar em vez de esperar que a sorte bata à porta.

- —Knowing my luck, it'll rain all through my holiday.
  —You **make your own luck**, don't you know?
  —No, I didn't know that I was a rainmaker.

you've got to be in (it) to win
para ganhar tem que jogar

Ou seja, se quiser ganhar na Mega-Sena da Virada, jogue, ou então pare de sonhar com uma ilha no Caribe, porque quem não joga não leva o prêmio. É usada para estimular as pessoas a jogar ou participar.

- —Did you know every year we buy a ticket for the Christmas lottery? So are you-in?
  —Oh I'm not so sure...
  —Come on, **you've got to be in to win**!

ENOUGH IS ENOUGH

BASTA, SOBRA OU FALTA

basta

cut the mustard
estar à altura das circunstâncias

Literalmente, "cortar a mostarda", mas ninguém sabe por que se diz isso. É uma frase coloquial que significa "estar à altura" ou "atender às expectativas".

- —Why's that cop keeping my passport?
  —He says he has to carry out inquiries, and that could take hours. I think he wants money.
  —Shit! Here's $50. Will that **cut the mustard**?
  —I think so.

have my fill
já tive minha cota disso

É usada em vários contextos para explicar que já passamos por isso, que já deu.

- —I'm getting a bit tired of looking at paintings. I think I've **had my fill** of art for today. I think I'll wait outside.
  —But we still haven't seen the 20th century gallery.

give someone enough rope (and they'll hang themselves)
dar corda para o outro se enforcar

É um ditado um pouco cruel que indica que certas pessoas agem tão mal, tão mal, que nem é preciso tentar desacreditá-las deliberadamente. Elas mesmas acabam se desacreditando.

- —And at the press conference after last night's match, the manager again hinted that he wasn't happy in Madrid and that a number of top English clubs were keen to have him.
  —**Give someone enough rope and they'll hang themselves**.

leave well enough alone
deixar as coisas como estão

Expressão que se costuma usar quando as coisas não são perfeitas, mas vão bem, e é melhor deixá-las assim que tentar melhorá-las, pois o mais provável é que piorem se alguém mexer nelas.

- —I'm not sure if I should add a bit more black to this part here, put in another crow in front of the corn.
  —No, no, **leave well enough alone**, Vincent.

only the best is good enough
nada menos que a perfeição

Expressão que claramente busca a excelência. É usada principalmente em referência às coisas mais caras, mas serve também para os melhores níveis de trabalho ou empenho.

- —What wine are you opening? My God, it's the bottle of Vega Sicilia Gran Reserva that you've been keeping!
  —Yes, **only the best is good enough** for our tenth wedding anniversary, my love.

second nature (to someone)
fazer sem pensar
com um pé nas costas

Quando estamos aprendendo a dirigir, parece que nunca conseguiremos trocar a marcha sem olhar para o conta-giros nem pensar qual é mesmo o pedal da embreagem. E um belo dia nos flagramos escutando o rádio e falando com o passageiro enquanto passamos da terceira para a quarta marcha. Dirigir passa a ser tão natural que nem precisamos mais pensar no que estamos fazendo.

- It was hard at first, but having small kids means that sleeping fewer hours every night becomes **second nature** to you.

sobra

enough is enough
chega!

Já deu! Usamos a expressão quando estamos fartos de alguma coisa, normalmente de algo que se repete muito.

- —Another beer?
  —We've had six already, or is it eight?
  —Maybe you're right. **Enough is enough**.

have a gutsfull (of someone / something)
estar até a tampa
estar de saco cheio

É vulgar e significa literalmente "estar com as tripas cheias". Não exige explicação alguma, pois seu uso e sentido figurado são exatamente os mesmos da expressão em português.

- —I've **had a gutsfull of** your sarcastic comments. Just back off or get out of my life!
  —Oh, a bit angry, are we today?

snowed under (with work)
atolado de trabalho

Parecidas nos dois idiomas, mas em inglês fica claro que, mais que atolados, estamos cobertos por uma espessa camada de neve. Com certeza, todo mundo já teve essa sensação em algum momento da vida. E quem é autônomo provavelmente passa por isso todos os dias.

- I'd love to help you out with your work, but we're **snowed under** in our department just now and we can't spare any resources.

too much information
mais do que eu queria saber

É outra dessas frases que você deve ter ouvido milhares de vezes em filmes e séries, normalmente no sentido figurado, quando alguém nos diz algo pessoal ou íntimo que não queríamos saber. Também tem um uso literal, quando alguém nos dá muito mais informações do que havíamos solicitado.

- —And you have a menu that lets you download all these apps by pressing this and they'll then appear on one of your screens.
  —**Too much information**, thanks, I'm not going to need any of those functions.

too much, too soon
ainda não é hora

Imagine que você conhece alguém em uma festa e vocês vão com a cara um do outro. No dia seguinte, a pessoa aparece em sua casa, fica para jantar e diz que você já é o melhor amigo dela. Não acha que ela está exagerando um pouco? Pois é a isso que se refere *too much, too soon*, expressão oposta a *too little, too late*. Podemos utilizá-la para nos referir, por exemplo, a pessoas que nos deixam tontos porque se entusiasmam demais com certas coisas.

- Many parents, teachers and child psychologists are concerned about the amount of sexual messages that the media give prepubescent children. **Too much, too soon** is the worry.

two's company, three's a crowd
dois é bom, três é demais

O sentido é exatamente o mesmo nos dois idiomas. A expressão é usada, por exemplo, para dizer que não queremos segurar vela para um casal de amigos.

- —Hey Jack, why don't you join us?
  —No thanks, **two's company, three's a crowd**.
  —Oh, okay.

falta

not up to scratch
ficar aquém
deixar a desejar

Ou não estar à altura. É usada principalmente em situações de trabalho e estudo, mas serve em quase qualquer contexto no qual algo não atinja um nível mínimo de exigência.

- —Did you write this report for the client?
  —Yes, I did.
  —It's **not up to sctratch**. Do it again. More attention to detail. More analysis. Better presentation. By tomorrow. Understood?

pull one's weight
colaborar
fazer sua parte

Em inglês se diz "puxar o próprio peso", porque a expressão vem dos animais de carga, que precisavam arcar com o próprio peso e com o fardo que lhes impusessem. É usada quando a atividade é coletiva e cada participante tem de colaborar de algum modo.

- This is a team project and if someone doesn't **pull their weight**, the whole project suffers. Do you get what I'm saying?

THE BIGGER THE BETTER

QUANTIDADES

an unknown quantity
uma incógnita

Literalmente, "uma quantidade desconhecida". Usamos esta frase quando não sabemos muito bem o que é ou como se comporta uma coisa ou pessoa.

- —What about this third candidate, Amaia Mendizabal?
  —Well, she's a bit of **an unknown quantity**. Just moved here from the Basque Country. Her qualifications are excellent but all her experience is in quite a different field.

a small fortune
uma dinheirama

Idêntica nos dois idiomas, é um exemplo da mania britânica de minimizar as coisas, porque, na realidade, as fortunas nunca são pequenas.

- Not being aware of the full value of their property, and being an only child, he came into **a small fortune** when his parents died.

(be) miles away
estar com a cabeça longe

Evidentemente, pode ser usada em sentido literal, "a milhares de quilômetros", mas se usa muito em sentido figurado, referente à distância em que nossa mente se encontra quando estamos totalmente distraídos, olhando para o nada.

> —Tatiana, can you have a look at these designs and tell me... Tatiana? Are you listening?
> —Oh, sorry, I was **miles away**. What did you say?

in small doses
em pequenas doses

Frase idêntica nos dois idiomas que vem do mundo farmacêutico, mas se estendeu a outros contextos. Agora a usamos indiscriminadamente sempre que falamos de qualquer coisa que deve ser apreciada com moderação.

> —Did you do anything special over the long weekend?
> —I spent it with my mother, actually. Three days with her is perfect; I can only take my mother **in small doses**.

larger than life
enorme

É usada no caso de pessoas que fazem grandes coisas ou têm grande influência ou fama, seja em virtude de suas habilidades ou de sua imagem pública.

> Over fifty years after his death, John F Kennedy still has this **larger-than-life** image.

out of proportion
desproporcional

Por exemplo, o cardápio gigante de algumas hamburguerias é totalmente *out of proportion*. É usada sempre no caso de quantidades ou dimensões grandes, ou, então, no caso de castigos severos demais.

> It's true that they suffered terrorism but the other side's reaction was completely **out of proportion**. They destroyed entire towns, killing thousands.

size someone / something up
avaliar algo ou alguém

Ou calcular mais ou menos o tamanho ou a importância de alguém ou algo para saber a que se ater nessa situação. É uma frase habitual em qualquer contexto.

○ It will be important for us to **size up the situation** before we make any promises to the public. In a similar situation, our predecessors acted too fast, if you remember.

the bigger the better
quanto maior, melhor

Tudo bem que todos sabemos que isso não é verdade. Os adjetivos comparativos podem mudar para construirmos todo tipo de frases, como a famosa "*the more the merrier*", que deu nome a um filme de George Stevens, lançado no Brasil como *Pecado original*.

○ With more people doing long-distance travel, they're building huge planes that reflect the idea of **the bigger the better**. Look at the Airbus 380-800 for example, which can carry up to 853 passengers.

think big
pensar grande

É a frase que usamos para dizer às pessoas que sejam ambiciosas, que não sejam conservadoras. É usada quase sempre no imperativo.

○ —Let's consider this possibility of opening a store in a site that has become available not far from the bus station.
—Come on, guys, **think big**. We should be opening stores in every new shopping mall.

that's about the size of it
é mais ou menos isso

Expressão informal para concluir resumidamente um discurso ou uma história que contamos só por cima.

○ —What was said at the meeting with management?
—A pay freeze for now but if the results are better in the second half of the year they'll give us 1.75%. There was more stuff but **that's about the size of it**.

UNFINISHED BUSINESS
TERMINADO OU NÃO

achieve closure
find closure
encerrar uma etapa

Expressão nova que se usa para indicar o encerramento de uma fase dolorosa ou de uma situação complicada, como um falecimento ou uma separação.

- He died in a boating accident on a fishing trip and it was some days before his body could be found. Finally, his family were able to bury him and **achieve closure**.

all over bar the shouting
é certeza

Não se sabe muito bem de onde saiu a frase, mas parece que se refere a gritos e discussões inúteis, porque o resultado já é previsível. Típica da política ou das altas finanças, por exemplo.

- —Now let's take a look at Serie A: okay, three games left and Juventus have a seven point lead; is it **all over bar the shouting**, Giancarlo?
  —It certainly looks that way, Tim.

a long way to go (yet)
ainda falta muito
ainda tem chão

Nos dois idiomas, pode ser usada em qualquer contexto para indicar que ainda falta muito (tempo, quantidade) para acabar o que se tem para fazer.

- —Is your thesis nearly written, darling?
  —No, there's **a long way to go yet**, Dad. Years, maybe.

consider it done
feito

Na realidade, não está feito, mas dizemos isso a alguém para que a pessoa saiba que cuidaremos da coisa e ela pode ficar tranquila.

- —Will you be able to send all the invitations and remind all the conference speakers by the end of tomorrow?
  —**Consider it done**.

see the back of someone / something
dar o assunto por encerrado

Em inglês, é literalmente "ver alguém ou algo pelas costas", ou seja, vê-lo ir embora porque já acabou. Normalmente, é acompanhada do adjetivo *glad*, porque são assuntos que nos deixam felizes quando são encerrados de uma vez por todas.

- —Apparently now that she's 60, she's taking early retirement. I tell you, I'll be glad to **see the back of her**.
  —But in fact, she'll still be working here part-time.
  —Oh, that's a pity.

the bitter end
até as últimas consequências

A expressão em inglês nos leva a um fim amargo, o que indica grande sofrimento durante todo o processo e que o resultado, em geral, será ruim. É muito usada no caso de doenças e conflitos.

- In 134-133 BCE, the people of Numantia heroically resisted a 13-month siege led by the Roman general Scipio to **the bitter end**.

unfinished business
assuntos pendentes

Em sua origem, tratava-se, literalmente, de negócios que não haviam sido concluídos, mas hoje a frase é usada no caso de qualquer assunto que ainda precise ser discutido ou arranjado. É também uma frase célebre de *Kill Bill*, do Tarantino.

- —So you've come back after all this time. Why do you want to see her now?
  —Let's just say we have some **unfinished business**.

WORK HARD, PLAY HARD

TRABALHO

bring home the bacon
the breadwinner
ganhar o pão de cada dia

Literalmente, "levar o bacon para casa" e "aquele que ganha o pão". Muito parecidas com a frase correspondente em português. A primeira data do século XII, o que demonstra a importância do bacon na Inglaterra daquela época.

- In the past, **the breadwinner** was almost invariably the male in any given household, but that is often not the case nowadays, and many males find it difficult to adapt to losing the role of **bringing home the bacon**.

burn the midnight oil
trabalhar ou estudar até tarde

Em inglês se "queima o óleo da meia-noite". A expressão deriva da época em que se usavam lamparinas a óleo para trabalhar ou estudar à noite.

- —My God, you got this done fast! Have you been **burning the midnight oil**?
  —Well, yes, I admit I finished at 3am.

by the sweat of your brow
com o suor da testa

Frase bíblica que diz que devemos nos esforçar para conseguir as coisas, mas, a princípio, se referia só ao pão.

- Everything in this house has been bought with **the sweat of my brow**, and you need to show some respect for that.

can / could do something blindfolded
fazer algo de olhos fechados/ com um pé nas costas

Certas coisas fazemos tão bem, ou há tanto tempo, que conseguimos fazê-las sem olhar, de olhos vendados.

- —Do you think you'll be able to fix the water-heater without calling in a technician?
  —Of course I can. **I could do it blindfolded**.
  —Oh well, that'll be cheaper for us.

make a bad job of it
fazer as coisas nas coxas

Embora a expressão mencione o trabalho, é usada para qualquer tarefa desastrosa. Maneira educada de dizer que a pessoa fez merda, certo?

- They **made a bad job of** the wedding arrangements. The photographer was an hour late and the bus took half of the guests to the wrong church.

make the best of a bad job
dos males, o menor

Ou, em outras palavras, aproveitar ao máximo o que temos, por pouco que seja. Expressão usada para tentar tirar algo de positivo de um momento muito negativo.

- The main hall isn't going to be ready for the opening, so they've given us a smaller hall with a video link to three other rooms. It's not ideal, but we have to **make the best of a bad job.**

selling right and left
ter boa saída
vender bem

Expressão informal norte-americana para se referir a algo que vende bem, muitas vezes inesperadamente.

- Can you bring down more raspberries? They're **selling right and left**.

sweat blood
suar sangue

Expressão de esforço totalmente ilustrativa e igualzinha em inglês e português. Muito associada à frase de Churchill, "sangue, suor e lágrimas", que indica justamente um esforço titânico no qual sacrificamos muita coisa.

> —How can you be so ungrateful! I've **sweated blood** for you and your brother all these years!
> —Nobody asked you to do it!
> —And if I hadn't done it?

talking shop
falar de trabalho

É usada ao falarmos de trabalho fora do expediente, em um ambiente no qual falar de trabalho deveria ser um tabu.

> —Come on, you two, stop **talking shop**. Maybe you could turn those sausages over or fill some glasses.
> —Giving orders again, just like at work!

work hard, play hard
trabalhar duro, divertir-se bastante

Frase muito famosa que, nos anos 1980, se referia às novas tendências socioculturais. Contudo, o conceito não é nada moderno, pois já existia em latim: *laboris gloria Ludi*.

> I do want a quieter life now, but when I lived in London in the 90s it was very much a **work hard, play hard** period of my life.

work like a dog
trabalhar como um camelo

Parece que em inglês os cachorros trabalham tão duro quanto os tenazes camelos. A expressão tem uma leve nuance de sacrifício, de se entregar por completo e trabalhar em empregos que exigem pouca qualificação ou envolvem tarefas repetitivas.

> **I worked like a dog** for over 50 years, in the mine, in the factory, on the railroad, and for what? For this?

work like a Trojan
trabalhar como um condenado

Igual à anterior. Parece que os troianos também eram bons trabalhadores.

> —To get the project completed, I had to **work like a Trojan** all through the summer.
> —What, with no vacation?
> —That's it. And ten hours a day.

COOL AS A CUCUMBER

TRANQUILO OU ALTERADO

tranquilo

as cool as a cucumber
manter o sangue-frio

Refere-se à reação da pessoa a uma situação que provoca ansiedade extrema. Em inglês, a expressão compara o sangue-frio a um pepino. Repare na tripla repetição do som *k* e da vogal neutra.

> —A lot of people get really anxious before their driving test but I have to admit that I was **as cool as a cucumber**.
> —Great! But you didn't pass, did you?
> —How did you know that?

cool under pressure
manter a calma

Mais uma vez, *cool* tem um sentido positivo, de alguém que mantém a calma nas piores situações.

> —And what would you say is your best quality, Stephen?
> —I'm **cool under pressure**, Marisol.

easy does it
devagar!
vá com calma!

O inglês e sua polissemia! *Easy*, além de significar "fácil", significa "tranquilo, calmo". A frase é usada em qualquer contexto para fazer alguém tirar o pé do acelerador.

- Now, look both ways, to see if there's any traffic coming on the left and the right. And watch out for cyclists and pedestrians too. Okay, now indicate that you're going to turn. Good. Now, go out into the traffic... **easy does it, easy does it!**

keep your head
manter a cabeça fria

Não esquentar a cabeça enquanto todos os outros estão nervosos. Certamente você conhece alguém que consegue.

- If you can **keep your head** when all about you are losing theirs ... then you'll be a man, my son.

tomorrow's another day
amanhã será outro dia

Idêntica nas duas línguas e muito óbvia. É usada para amenizar uma situação e afirmar que amanhã começará tudo de novo.

- —Mum, we lost our match 63–89. We were terrible.
  —Oh well, **tomorrow's another day**, dear.
  —Not really, Mum. We were knocked out of the tournament.

alterado

at the end of my wits
não sei mais o que fazer!

Esta frase cai bem quando você espreme o cérebro e a inteligência (*wits*) até não mais poder porque está muito nervoso e acha que já tentou de tudo, mas o problema continua ali.

- —I can't get my kids to eat vegetables or rice or fish. All they want is pizza, pizza, pizza. **I'm at my wits' end**.
  —I know; I blame the TV advertising and what they get given at school.

get a thrill out of something
adorar
curtir

Uma frase informal e nada vulgar que fala de algo que nos emociona ou nos excita de algum modo, não necessariamente sexual.

- —Do you really **get a thrill out of** watching violent films like this?
  —Well, not a thrill, but I like them. Maybe I do get a bit of a thrill, yeah.

get something off your chest
desabafar

Literalmente, é "tirar algo do peito" e se usa quando, por fim, dizemos algo que queríamos dizer havia muito tempo. Pode ser uma confissão, uma queixa ou um desabafo com nosso melhor amigo. Seja o que for, fica claro que, depois de fazê-lo, nos sentimos muito melhor.

- For many years he remained silent about what had happened to him and other boys in the orphanage, but when he saw that documentary on TV, he decided to finally **get it off his chest**, and got in touch with a lawyer.

have butterflies in your stomach
sentir um friozinho na barriga

É a sensação que temos na boca do estômago antes de qualquer acontecimento importante. A frase é informal e muito difundida, e todo mundo a usa.

- —Are you confident about the big match tomorrow, Andrés?
  —Well, it's the cup final and you always **have butterflies in your stomach** on an occasion like this; I just hope we're lucky enough to win.

have kittens
ter um ataque
ter um troço

Literalmente, "ter gatinhos". É uma maneira curiosa de falar daqueles momentos em que estamos à beira de um ataque de nervos. É informal, mas não vulgar, porque gatinhos nunca são vulgares.

- —How are the wedding preparations going?
  —I'm fine but my mum's a bit hysterical. She was **having kittens** yesterday about the change of catering company.

let my temper get the better of me
perder a compostura
perder as estribeiras

É uma maneira de dizer que a raiva revela o que temos de pior e implica uma reflexão e um pedido de desculpas.

- —Is it true that you said those terrible things to another member of staff?
  —Yes, it is. I'm afraid **I let my temper get the better of me**. But she had just criticized *you* very unfairly I thought.
  —Really? What did she say?

running around like a headless chicken
andar feito barata tonta

A imagem é tão ilustrativa que nem é preciso dar muitos detalhes. É usada quando alguém está muito inquieto e fica andando de um lado para outro, sem saber muito bem o que fazer nem para onde ir.

- Why's the boss **running around like a headless chicken**?
  —Because half of the staff she hired for the event have gone to the wrong venue!

set my teeth on edge
ranger os dentes de nervoso

Em inglês, "arreganham-se os dentes" de nervoso, formando uma imagem bem engraçada, como é habitual entre os anglófonos.

- People parking their cars in a bus stop; that really **sets my teeth on edge**.

take a deep breath
respire fundo
keep your shirt on
não se desespere

São as expressões que dirigimos a alguém que está prestes a perder a cabeça. A segunda é, literalmente, "não tire a camisa", porque é fácil imaginar alguém muito alterado rasgando as vestes ou arrancando os botões, como faria o Hulk.

- —I'm so angry with Carla: she lost all my study notes!
  —**Take a deep breath**, and if that doesn't work, count to ten.
  —What good will that do? I've got the exam next week!
  —Hey, **keep your shirt on**!

throw caution to the wind
ir para a cabeça
ir para o tudo ou nada

Frase claríssima que usamos para nos motivar, tomar a decisão de botar para quebrar, deixando a cautela e a precaução para trás. Geralmente usada em uma situação-limite, mas também serve quando tomamos a decisão consciente de fazer algo que nos deixava apavorados.

- Losing 2-0 in the Cup Final with 15 minutes to go, the manager decided to **throw caution to the wind** and replace two defenders with two forwards.

turn the world upside down
virar o mundo de ponta-cabeça

Ou de cabeça para baixo. É usada quando algo é tão revolucionário que vai mudar o mundo como o conhecemos. Se bem que às vezes a coisa se limita a um mero slogan publicitário.

- This revolutionary technique for desalination of water is going to **turn the world upside down**. And that's a promise!

WOULD I LIE TO YOU, HONEY?

VERDADE OU MENTIRA

depende

a moot point
um assunto complicado; discutível

Tem esse ar de "não vamos entrar em acordo", de assunto que não conseguimos resolver, por mais que discutamos.

- As a family, we've talked a lot about what will happen to Mum and Dad when they're too old to look after themselves, and it's still **a moot point** whether we'll place them in a care home or not.

if that is anything to go by
se algo se pode depreender disso

Expressão usada para falar de uma tendência ou dos poucos dados de que dispomos a respeito de algo e extrapolá-los para uma opinião mais generalizada.

- **If the** first three months **are anything to go by**, the new leader is an extremely cautious man. No sign yet of the great changes he promised.

take someone / something at face value
acreditar piamente

Esta expressão inglesa descreve as situações em que acreditamos cegamente em alguma coisa, sem questionar nem pedir provas, só porque alguém disse que era assim.

○ —He said he would be able to find their missing son and they took him **at face value**.
—What? You mean they're paying him?
—Yes, apparently he has powers.
—*Powers?*

to the best of my knowledge
as far as I know
que eu saiba
pelo que sei

Duas frases muito comuns para dizer que achamos que algo vai (ou não) acontecer. São usadas em todo tipo de contextos e situações.

○ —Is the meeting going to be on Tuesday at 11am?
—**To the best of my knowledge**, it is.
—And will we all be having lunch together afterwards?
—**As far as I know**, yes.

jurar

(I) cross my heart and hope to die
se eu estiver mentindo, que um raio caia na minha cabeça!

Frase típica da rapaziada, costuma ser dita com ironia, porque é um tanto infantil e inocente. É possível pronunciá-la sem o pronome pessoal quando este fica subentendido.

○ —Have you been drinking?
—No, why do you say that?
—Because I can smell it!
—No, not me. **Cross my heart and hope to die**. I just need to go to the toilet.

I swear (it on the Bible)
juro por Deus
I swear (it on my mother's grave)
juro por minha mãe mortinha da silva

Duas expressões fortes usadas para dar fé da sinceridade de nossas palavras. A do túmulo, especialmente, é corriqueira em séries e filmes.

- —Do you know anything about the missing sports equipment? You were the last person to leave the building.
  —No, I don't know anything about the disappearance, **I swear!**

would I lie to you, honey?
Eu jamais mentiria para você

Expressão característica dos casais e dos filmes românticos. Supostamente, quem ama não mente à pessoa amada.

- —I'm going to be home late tonight.
  —Working late at the office again?
  —Yes, we've got these important Korean clients coming and...
  —I thought they were Japanese.
  —Look, **would I lie to you, honey**?
  —Not very successfully, you wouldn't.

mentira

a pack of lies
um monte de mentiras

Em inglês, as mentiras vêm em pacotes, e em português, aos montes. É uma expressão muito contundente que não precisa de mais explicações. Costuma ser dita em tom de raiva.

- —Everything you told us about this land we bought was **a pack of lies**.
  —Well, I'd say that some aspects of the situation have changed, and only after I sold it to you.

a white lie
uma mentirinha inocente

Expressão usada no caso de mentiras que não têm a intenção maldosa de enganar alguém.

> —Would you tell **a white lie** for me, please? If Jack asks where I was tonight, say I was with you.
> —That's not **a white lie!**
> —It is; I'm organising a surprise birthday party for him.

an old wives' tale
conto da carochinha

A mesma frase nos dois idiomas acusa as velhas de inventar histórias. O pior é que é uma expressão bíblica.

> —Why have you been lighting these different-coloured candles?
> —They're to cure my neighbour's cancer.
> —That's **an old wives' tale**, Mum. This is the 21st century!

dress up the truth
maquiar a verdade

Neste caso, a verdade se veste de algo que não é. É incrível a quantidade de frases que temos para conceitos similares. Será que somos ligeiramente mentirosos?

> In order to get permission from her parents for her weekend away, she had **to dress up the truth** a bit, saying that it would be a spiritual retreat with adult supervision.

economical with the truth
economizar na verdade

A frase não existe em português como expressão cunhada, mas é fácil entender o que significa. Quando não somos generosos com a verdade é porque só estamos dizendo uma parte dela. Neste caso, *be economical* é algo como "diminuir".

> —In her declarations to the press and to the judge, she was being **economical with the truth**.
> —Well, that certainly *is* the kindest interpretation possible.

it doesn't ring true
não cheira bem

Em inglês, quando suspeitamos que algo não é verdade, dizemos que soa estranho, enquanto em português expressamos a mesma coisa recorrendo ao sentido do olfato.

O Her story about needing the money for medical treatment for her mother in Mali just **didn't ring true**. So I opted not to send any.

jump to the wrong conclusion
tirar conclusões erradas

Acontece com todo mundo: temos meia dúzia de informações a respeito de uma coisa e logo tiramos conclusões. Em inglês, isso se chama *jump to conclusions*, porque não há uma linha de raciocínio, passamos imediatamente à conclusão, ignorando um monte de informações. E, quando a conclusão é totalmente equivocada, como indica esta frase, pisamos feio na bola.

O —Why has this man who I've never heard of phoned you five times in the last 30 hours?
—**Don't jump to the wrong conclusion**. It's a guy who's in the same work team as me.

lie through your teeth
mente mais que fala de cada dez palavras, onze são mentiras

Agora a coisa ficou pessoal: acusamos diretamente alguém de mentiroso, dizendo que a pessoa "mente pelos dentes". Costuma ser usada quando a pessoa já está bastante alterada.

O They **lied through their teeth** when they said it was my idea to buy the drugs. I wasn't even there when they bought them.

massage the figures
manipular os números

Uma frase recente que fala de "massagear os números" para que eles digam o que queremos que digam. Tem certa carga de ironia.

O —We can't possibly present these results to the European Commission inspectors. You're going to have to **massage the figures** a bit.
—We already have, Minister.

stretch the truth
exagerar a verdade

Outra maneira irônica de dizer que a pessoa não está contando exatamente a verdade, e sim uma versão aumentada e equivocada.

- —She told me that your brother has a drinking problem.
  —That's **stretching the truth** a bit! He likes his beer, to be sure, but he doesn't drink regularly, and you won't ever see him drunk.

too good to be true
bom demais para ser verdade

Expressão que usamos nos dois idiomas quando algo é tão bom que gera desconfiança e parece difícil de acreditar.

- I kept on thinking: oh no, **this is too good to be true**. This is love like I've never known it. And then she invited her family in Ukraine to come and stay –but she meant *live*– with us.

reflexões

a lie is halfway around the world before the truth has got its boots on
a mentira corre mais que a verdade

A expressão não é difícil de entender: dá menos trabalho acreditar em uma mentira que fazer o esforço de descobrir qual é a verdade.

- Workers will tend to believe a rumour, especially if the management is slow to respond with a comment. As they say, **a lie is halfway around the world before the truth has got its boots on.**

ask no questions and hear no lies
se não quiser ouvir mentiras, não faça perguntas

Embora a expressão não seja usada em português, podemos entendê-la perfeitamente. É uma maneira de dizer a alguém que é melhor não tocar em determinado assunto. Essa expressão é tão conhecida que, só com as três primeiras palavras, todo mundo já sabe o que queremos dizer.

- —Who took all these photos of you in Santorini?
  —**Ask no questions and hear no lies.**
  —Is that supposed to make me feel good?

there's more to this than meets the eye
as aparências enganam

Apesar da semelhança, a frase de cada idioma apresenta nuances diferentes, pois o inglês indica que algo esconde mais do que se vê de imediato, ou seja, que um assunto é mais complexo do que parece, enquanto a expressão em português é mais genérica.

- —She was unpopular because she didn't consult people, so they want her to leave.
  —Well, **there's more to this than meets the eye**. Some people want her out because she was close to discovering something...

truth is the first casualty of war
a verdade é a primeira vítima de uma guerra

É uma frase que costumamos ouvir bastante toda vez que há um conflito, porque é totalmente correta: quando duas facções se enfrentam, é muito difícil saber o que está acontecendo na realidade.

- Even in this age of cameras in the front line of combat, **truth is the first casualty of war**. Or is it? In tonight's programme, we consider...

verdade

(it) beggars belief
totalmente inverossímil

A estrutura em inglês é complicada, porque, embora *beggar* queira dizer "mendigo", a frase não se refere a isso, e sim ao significado original da palavra, que era "exceder os limites". Neste caso, excede os limites do que é possível acreditar, ou seja: é inacreditável.

- The scale of this scandal, in which one and a half thousand children were abused, **beggars belief**. It represents a monumental failure on the part of Social Services and the Police.

believe it or not
acredite ou não

Muito similar nas duas línguas, é o que dizemos quando estamos prestes a contar algo surpreendente.

- **Believe it or not**, although Spain won the 2010 World Cup in South Africa, the only team who didn't lose a match were New Zealand.

hold water
convencer
sustentar-se

É usada para comentar uma afirmação ou teoria e avaliar se esta seria ou não crível. Pode ser usada tanto na afirmativa quanto na negativa. É comum no meio acadêmico, científico e jurídico.

- Does this new theory about the Neanderthals not becoming extinct, as we previously thought, really **hold water**? With us in the studio tonight is...

the naked truth
a verdade nua e crua
a mais pura verdade

Refere-se à verdade mais crua e brutal possível, sem nada que a enfeite ou a torne mais palatável.

- This fatal fire in a textile factory in India has exposed **the naked truth** about our clothing industry.

truth is stranger than fiction
a realidade supera a ficção

Lord Byron foi o primeiro a dizer isso em sua obra *Dom Juan* (1823), mas, desde então, a frase é muito usada em diversos contextos, porque é uma verdade evidente.

- In a period called *the catharsis*, in 1989 the Greek Communist Party formed an alliance with the right-wing New Democracy party, to remove the governing Socialist Party from power. In politics, **truth is stranger than fiction** at times.

IF YOU ASK ME
NA MINHA OPINIÃO

amor-próprio

although I say it myself
modéstia à parte

Frase que dizemos antes de elogiarmos a nós mesmos, para não parecermos arrogantes. Não costuma funcionar e acabamos soando arrogantes do mesmo jeito.

- —**Although I say it myself**, this paella has turned out very well.
  —Yes, well done, master-chef Alfredo!

no-one can make you feel inferior without your consent
ninguém pode fazer você se sentir inferior sem seu consentimento

Grande frase de Eleanor Roosevelt, primeira-dama norte-americana e defensora dos direitos humanos. A frase indica que, se alguém nos faz sentir mal, é porque somos inseguros e não defendemos nossas ideias ou direitos.

- —It just seems that some people have more rights than others.
  —But that isn't so. **No-one can make you feel inferior without your consent**.

self-praise is no recommendation
não adianta sair por aí falando bem de si mesmo

O conceito é que ninguém anda falando bem de nós ou de nosso trabalho, só nós mesmos. E, evidentemente, isso não tem valor algum.

○ —Have you ever noticed that she always ends up talking about how incredible she is and the great things she's done?
—Everyone has. As they say: **self-praise is no recommendation**.
—Never truer.

opiniões

I speak for myself
falo por mim

Uma expressão muito similar nos dois idiomas, usada para dizer que estamos dando nossa própria opinião e que não representamos ninguém além de nós mesmos.

○ —**I speak for myself**, but I really feel that what they charged us for the meal last night was excessive, considering the amount of food we had.
—I'm glad you said that, because we thought exactly the same!

in my humble opinion
em minha humilde opinião

Outra vez, frases idênticas nos dois idiomas. Apesar de pertencer a um registro bastante formal, pode ser usada com ironia e também quando nossa opinião é tudo, menos humilde. Sempre é seguida de vírgula e uma pausa breve no discurso.

○ —Didn't you think his interpretation of the *Preludes* was sublime?
—No. **In my humble opinion**, Barenboim is not worth listening to when it comes to Chopin.

personally speaking
pessoalmente

Similar à expressão anterior, mas esta é mais usada para emitir uma opinião discordante. É ligeiramente formal.

> —So I think most of us are in favour of the new proposal-
> —**Personally speaking**, I think it would be a big mistake to move to new offices right now.

well, if you ask me
se quiser saber minha opinião

Nós a usamos um pouco antes de dar nossa opinião, tenha o interlocutor pedido ou não para ouvi-la. Pronuncia-se com certa contundência e é bastante informal.

> —So, everyone; are we going to accept Management's offer of a 1.5% pay increase?
> —Well, **if you ask me**, we could probably get 2.5% if we really pushed them.

you know what I think
você sabe o que eu penso disso
você sabe minha opinião a respeito

É a expressão que costumamos usar para enfatizar e repetir nossa opinião, que não precisamos dar, porque fica subentendida, especialmente se for sobre um assunto que já discutimos várias vezes. A ênfase deve recair sobre *I*.

> —I read in the paper that they're planning to build a drug rehabilitation clinic down the road, where the station used to be.
> —Hmm.. **You know what I think**.

you're the best judge (of that)
você é quem sabe

Pode ser que sim, pode ser que não. Melhor não arriscar e dizer uma frase elegante, passando a bola para o "melhor juiz" e garantindo total impunidade.

> —What should I do now that he's lying to me?
> —**You're the best judge of that**.

RIGHT & WRONG

EXPRESSÕES COM RIGHT E WRONG

be in the right
estar certo
be in the wrong
estar errado

Como em português, apesar de ser um pouco mais formal em inglês. Funciona com qualquer pessoa do discurso e tempo verbal.

○ —I was **in the right**, let me assure you.
—Of course, all my clients say that. In fact, all lawyers' clients say that.

don't take this the wrong way
não leve a mal

Frase que pede desculpas por nossas palavras ou adverte que elas podem ser incômodas. Sinônimo de "Don't get me wrong", canção de The Pretenders.

○ —Listen, please **don't take this the wrong way**, but I'd rather sit next to somebody else.

get off on the right / wrong foot
começar com pé direito/esquerdo

Não precisa de muitas explicações, porque é praticamente a mesma expressão em inglês e português. Costuma ser usada no início de alguma coisa, seja um relacionamento ou um projeto, e encontra-se bastante difundida.

○ If you want to **get off on the right foot** with our Turkish clients, there are a number of key things you need to bear in mind.

get on the wrong side of someone
arrumar encrenca com alguém

Literalmente, significa "ficar do lado errado de alguém" ou, em outras palavras, arranjar encrenca com a pessoa, que não nos verá com bons olhos. Muito coloquial, pode ser usada com qualquer tempo verbal e em qualquer contexto.

- You don't want to **get on the wrong side of her**; she has a very vindictive streak.

not put a foot wrong
não dar um passo em falso

Lembra quando Indiana Jones, em *A última cruzada*, teve de pisar em determinadas letras à medida que decifrava um enigma? Pois esta frase evoca perfeitamente essa imagem. É usada quando tudo sai redondinho, em qualquer contexto.

- —You've got to feel sorry for Dutch defender Ron Vlaar. His team won't be in the final against Germany, but he's had a great World Cup.
  —Yes, this Aston Villa defender **hasn't put a foot wrong** since the very first match, that emphatic 5-1 victory over Spain.

stand up for your rights
defender os próprios direitos

A expressão significa "levante-se para defender seus direitos" e está relacionada à contraposição da imagem de uma pessoa em pé (superioridade) com a imagem de alguém de joelhos (submissão). É uma frase muito famosa por ser o lema de "Get Up, Stand Up", uma conhecida canção de Bob Marley que você certamente já dançou mais de uma vez.

- One thing is for sure; if you don't **stand up for your rights**, some people will find ways to take them away from you.

the difference between right and wrong
a diferença entre o certo e o errado

Idêntica em português. Costuma ser usada em frases negativas.

EXPRESSÕES COM *RIGHT* E *WRONG*

○ —Is it the parents' responsibility to teach children the difference between **right and wrong**?
—Certainly it is. Teachers have enough to do already.

the right to choose
direito de escolha

Embora o significado seja muito literal e essa expressão possa ser usada em diversos contextos, é particularmente corriqueira entre as pessoas que defendem o direito ao aborto e à eutanásia.

○ —Before she began to suffer from this condition that has reduced her to a vegetable state, she insisted that she had **the right to choose** to live or die, so-
—But she could regain consciousness and change her mind-
—Mind? What mind?

two wrongs don't make a right
um erro não justifica o outro
dois erros não fazem um acerto

Esta frase é o contrário de "olho por olho" e diz que um erro não corrige outro, ou seja, que a vingança não é justificável.

○ The referee opted to send off both players, knowing that one of them had simply retaliated to being hit by his opponent. However, **two wrongs don't make a right**.

within my rights
estou em meu direito

Vocês sabem que, particularmente nos Estados Unidos, fala-se muito dos direitos das pessoas. Neste caso, a expressão indica que não estamos fazendo nada ilegal, que estamos "dentro dos limites de nossos direitos" e, portanto, podemos agir como agimos.

○ —I was **within my rights** to have a Doberman to guard my property.
—Yes, but the dog got out and attacked two people. You also had obligations.

ÍNDICE ALFABÉTICO

A
about time!
 about time too!
 not before time! **138**
achieve closure
 find closure **250**
across the board **204**
affair (with somebody), (have an) **17**
after one's own heart, (be) **28**
against your better judgement **223**
all at sea **114**
all downhill (from here) downhill all the way **88**
all over bar the shouting **250**
all smoke and mirrors **144**
all systems go **147**
all the best for / with **238**
all things come to those who wait **99**
all too often **138**
all will be revealed **196**
although I say it myself **268**
and the upshot was? **60**
another nail in your coffin **218**
any port in a storm **186**
are we good to go? **147**
armchair critic **61**
as ever **138**
ask no questions and hear no lies **265**
asleep at the wheel **149**
axe to grind (with someone), (have an) **174**

B
babe in arms, (a) **163**
back on one's feet **170**
backseat driver, (a) **56**
bad hair day, (have) (a) **73**
ballpark figure, (a) **188**
baptism of fire **219**
bats in the belfry, (have) **224**
bear it in mind **191**
bear with me **196**
beauty is in the eye of the beholder **14**
beauty is only skin-deep **14**
bed hair **63**
bee in your bonnet (about something), (have a) **24**
been around the block **111**
been there, done that **112**
beggars can't be choosers **186**
behind every great man there's a great woman **229**
behind the scenes **108**
believe it or not **267**
best of luck **238**
better luck next time **236**
beyond / within the realms of possibility **210**
big fish in a small pond, (a) **167**
bigger fish to fry, (have) **168**
big shot, (a) **231**
bingo wings **64**
bite off more than you can chew **40**
bite one's tongue **83**
bite someone's head off **40**
black out **35**
blood is thicker than water **187**
blue-eyed boy **35**

boil the ocean   210
bored to tears
 bored shitless   198
born with a silver spoon
 in his / her mouth   230
bring home the bacon
 the breadwinner   252
budgie smugglers   64
burn the midnight
 oil   252
business as usual   189
business before
 pleasure   123
butcher's (at something),
 (have a)   34
butterflies in your sto-
 mach, (have)   257
butter someone up   40
buyer's market, (a)   188
buy now, pay later   189
by all accounts   199
by the skin of your
 teeth   119
by the sweat of your
 brow   252

C

call a spade a spade   83
call it a day   121
call me Mr Picky
 but   204
camel toe   64
camper than a row of
 tents   66
can / could do
 something
 blindfolded   253
can't get a word in edge-
 ways / edgewise   47

can't get through to
 someone   47
can't handle
 can't hack   52
card up your sleeve
 (have a)   84
catch someone
 napping   216
catch someone
 red-handed   35
catch someone with
 their pants / trousers
 down   104
cat may look at a king,
 (a)   230
champing at the bit   51
chance would be a fine
 thing!   121
chav   65
cheesed off   41
cherry pick   205
chew the fat   41
chicken-feed   23
clean bill of health,
 (a)   170
clingy   65
cold fish, (a)   167
come across as   200
come clean   145
come clean   258
come hell or high
 water   114
come / turn up
 trumps   33
consider it done   251
cool as a cucumber,
 (as)   255
cool under
 pressure   255
couch potato, (a)   39

cougar   65
couldn't be better   30
count to ten (first)
 196
cross my heart and hope
 to die, (I)   261
crossroads (at a)   53
cut the crap!   83
cut the mustard   242

D

damned if you do
 and damned if you
 don't   62
daylight robbery   132
dead as the dodo,
 (as)   179
dead end (at a)   53
dead in the water   179
dead time   139
dead to the world   180
deal with it!   221
declare an interest   144
different as chalk and
 cheese, (as)   202
disappear off the face of
 the Earth   11
discretion is the better
 part of valour   84
do a dry run   150
do not / never speak ill
 of the dead   180
don't come the raw
 prawn with me
 (mate)!   29
don't get your hopes
 up   194
don't get your knickers
 in a twist (UK)

don't get your panties in a bunch (US) **99**
don't rock the boat! **227**
don't take this the wrong way **271**
don't waste your breath **122**
doom and gloom **195**
do the lion's share **23**
dot the i's and cross the t's **151**
do unto others as you would have them do to you **160**
down but not out **86**
down time **139**
down to the last detail **147**
draw a line in the sand **130**
draw a line under something **191**
draw the short straw **237**
dream on! **121**
dress up the truth **263**
drive someone mad / nuts **57**
drive someone round the bend **57**
drop in the ocean, (a) **114**
drop of a hat (at the) **149**
drop the ball **86**
drowning in a teacup **115**

E

easy does it **255**
easy-peasy **118**
eat, drink and be merry **125**
eat my words **41**
economical with the truth **263**
egg on your face, (have) **42**
end of my wits, (at the) **256**
end on a high note **96**
end with a bang **96**
enough is enough **244**
envy of something, (be) (the) **184**
every man has his price **156**
every other day **139**
everything in place, (have) **148**
excuses, excuses **87**
eye for something, (have an) **112**

F

face for radio, (a) **63**
fair and square **221**
fair deal, (a) **188**
fair dinkum **136**
fall by the wayside **91**
fall into the trap **223**
fall on your sword **158**
fate worse than death, (be) (a) **80**
feeling run down **170**
fine kettle of fish!, (a) **167**
fishing for compliments **168**
flash in the pan, (a) **90**
floating voters **115**
flogging a dead horse **23**
fly in the ointment, (a) **215**
fob someone off (with) **158**
food for thought **42**
forever in your debt **226**
forewarned is forearmed **101**
fortune favours the bold **237**
for want of a better word **48**
friend with benefits, (a) **16**
from the cradle to the grave **165**

G

game on! **93**
game over **96**
get a life! **177**
get a room! **17**
get a thrill out of something **257**
get away with (blue) murder **231**
get into trouble with someone **217**
get it in the neck (from someone) **69**

get off on the right / wrong foot 271
get off on the wrong foot 93
get off your arse / ass 94
get one's own back 174
get one's rocks / load off 17
get on the wrong side of someone 272
get on your bike! 128
get sidetracked 103
get (someone) back on track 54
get something off the ground 94
get something off your chest 257
get the ball rolling 94
get the hell out of here! 12
get the message 48
get the show on the road 94
get the wrong end of the stick 224
getting on a bit getting a bit old for this game / lark 164
get up to speed 101
get what's coming to someone 173
get your marching orders 12
get your money's worth 136
give and take giving and receiving 161
give it a go! 117
give someone a mouthful 69
give someone enough rope (and they'll hang themselves) 243
give someone / something the once-over 33
give someone the creeps 29
give someone the red-carpet treatment 36
give the devil his due 161
give them an inch and they'll take a mile 227
give up the ghost 180
go bonkers 73
go cap in hand to someone 208
go / come down with something 171
go for something 77
go from strength to strength 88
go halves 135
going round in circles 54
golden handshake, (a) 12
gold mine, (a) 189
gone walkabout 11
good for another (time) (yet) 164
good reason to do something, (have) 160
good riddance! 12
good time was had by all, (a) 124
go off at / on a tangent 84
go through a purple patch 36
go viral 127
go with the flow 149
great expectations (for somebody), (have) 211
great minds think alike 28
green fingers, (have) green thumb, (have a) 37
green with envy 36
gutsfull (of someone / something), (have a) 244

H

hanging by a thread 119
hang up one's boots 164
happy ever after they lived happily ever after 18
hard to follow 108
hard to make out 108
hear me out 161
here goes 95
high and dry 115
high hopes, (have) 193
high praise, indeed!, (that is) 68

hit the ground
  running 51
hit the road 55
hit the rocks 218
hold water 267
honesty is the best
  policy 145
horse-trading 189
how are the mighty
  fallen 87
how the other half
  lives 227
how was I to
  know? 109

I

I'd give my right arm
  for / to 184
I didn't know what had
  hit me 71
if anything can go
  wrong, it will 195
if looks could kill 74
if only! 122
if pigs could fly .
  yeah, and pigs might
  fly 211
if that is anything to go
  by 260
I get the impression
  that 200
I have no doubt
  (that) 201
I heard (it) on / through
  the grapevine
  (that) 48
I know what you're on
  about 48
in a jam 54

in all innocence 110
in black and white 37
in broad
  daylight 140
in every nook and
  cranny 34
in high spirits 72
in hot water 116
in my humble
  opinion, 269
in small doses 248
in the autumn of
  someone's years 165
in the background 108
in the black 37
in the cold light of
  day 59
in the dead
  of night 140
in the doldrums 74
in the driving seat
  in the saddle 229
in the fast lane 55
in the know 102
in the lap of the
  gods 80
in the market for
  something 190
in the prime of life,
  (be) 163
in the red 37
in the right, (be) 271
in the right place at the
  right time 140
in the wrong, (be) 271
in two minds (about
  something), (be) 79
in your own words 49
I owe you one 226
I rest my case 105

I should be so
  lucky! 238
is nothing sacred? 62
I speak for myself 269
I stand corrected 208
I swear (it on my
  mother's grave) 262
I swear (it on the
  Bible) 262
(it) beggars belief 266
it cost an arm and a
  leg 132
it doesn't ring true
  264
it goes without saying
  (that) 106
it'll turn out
  alright 193
it looks like / as if 200
it never crossed /
  entered my mind 182
it's a dog's life 24
it's a fair cop 162
it's (all) done and
  dusted 60
it's all in the mind
  182
it's all right for
  some 185
it's anybody's guess
  your guess is as good
  as mine 211
it's a tall order 120
it serves you right
  173
(it's) like looking
  for a needle in a
  haystack 122
it's my treat 135
it's not what you

know, it's who you know **156**
(it's) now or never **140**
it's on the tip of my tongue **109**
it's pretty clear to me that **201**
it's raining cats and dogs **24**
it's / that's the story of my life **126**
it strikes me as / that **200**
I understand that
I hear that
I'm reliably informed that **199**
I wish you luck **238**

J

Jack is as good as his master **230**
Jesus wept! **198**
join the dots **155**
jumping for joy **71**
jump to the wrong conclusion **264**
just my luck! **238**
justice to something / someone, (do) **172**

K

keep an eye on something / someone **102**
keep calm and (carry on) **197**
keep one's eyes peeled **102**
keep someone posted **103**
keep tabs on something / someone **151**
keep the wolf from the door **25**
keep up with the Joneses **185**
keep your hat on! **99**
keep your head **256**
keep your nose / hands clean **145**
keep your shirt on **259**
kicking one's heels **99**
kick the bucket **181**
kittens, (have) **257**
kitty, (have a) put money in the kitty **135**

L

larger than life **248**
law unto themselves, (a) **172**
lay into someone stick the boot in turn the screw **62**
lay / put your cards on the table **84**
lead someone up the garden path **157**
learn the hard way **112**
leave a bad taste in my mouth **43**
leave it to me **98**
leave no stone unturned **34**
leave someone holding the baby **13**
leave someone in the lurch **13**
leave well enough alone **243**
lend your money and lose your friend **133**
leopard cannot change its spots, (a) **22**
let my temper get the better of me **258**
let someone have his / her say **162**
let someone off the hook **173**
let's see how it goes **148**
letting off steam **74**
let your guard down **104**
level playing field, (a) **159**
lie is halfway around the world before the truth has got its boots on (a) **265**
lie through your teeth **264**
life begins at forty **177**
life isn't a rose garden
life isn't all beer and skittles **178**
like a dog's breakfast **25**
like a dog's dinner **25**

like death warmed
 up / over   181
like falling off a log
 as easy as falling off a
 log   118
like father, like son   81
like peas in a pod   203
like there's no tomorrow,
 (live)   198
line your own
 pockets   157
live and let live   178
live it up   178
live today and die
 tomorrow   125
live to fight another
 day   87
live wire, (be) (a)   177
living off the fat of the
 land   137
long way to go (yet),
 (a)   250
looking after
 business   190
looking for trouble
 spoiling for a fight   75
look on the bright
 side   194
lose the plot
 lose it   75
lost for words
 at a loss for words   49
loud and clear   49
love is blind   20
love makes the world go
 round   20
lucky for some!   238

M

make a bad job
 of it   253
make a clean breast
 of it   145
make a comeback   88
make a fresh / new
 start   95
make a go of it   89
make a hash of
 something   91
make a meal of
 something   43
make eyes at
 someone   15
make headway   89
make it up to
 someone   160
make light of
 something   50
make one's mind
 up   78
make the best
 of a bad job   253
man of his word,
 (a)   144
man proposes, God
 disposes.   81
massage the
 figures   264
memory like a sieve,
 (have a)   192
middle-of-the-road   54
miles apart   203
miles away, (be)   247
miscarriage of justice, (a)
 travesty of justice,
 (a)   172
miss the boat   92
mixed bag, (a)   202

monday morning quar-
 terback, (a)   61
more money than sense,
 (have)   153
more's the pity   207
moot point, (a)   260
move on   192
muddy the waters
  109
muffin top   66
music to one's ears,
 (be)   206
must, (a)
 must-have, (a)
 must-see, (a)   186
my bad   92
my bread and
 butter   43
my fill, (have)   242
my mind went
 blank   192

N

nail your colours to the
 mast   106
near the knuckle
 close to the
 knuckle   85
neck and neck   203
neither fish nor
 fowl   168
never marry for money,
 but marry where
 money is   134
never mind   183
never too old to
 learn   165
new kid on the block,
 (a)   110

next thing you know **141**
eye for an eye, (an) **174**
nice work if you can get it **185**
nip something in the bud **96**
nobody ever regretted buying quality **136**
no chance **211**
no fool like an old fool **153**
no harm done **146**
no hope in hell **212**
no laughing matter **50**
no harm in trying, (there's) **117**
no lights on there **154**
no-one can make you feel inferior without your consent **268**
no-one to blame but yourself, (have) only yourself to blame, (have) **214**
no point / sense (in) trying **122**
no prizes for guessing **155**
no rest for the wicked **129**
no such luck! **238**
not born yesterday **113**
not enough room to swing a cat **25**
not for donkey's years **26**
not have a leg to stand on **152**
nothing but praise for someone, (have) **67**
nothing in common, (have) **202**
nothing succeeds like success **118**
not in the mood (for) **75**
not long for this world **166**
not one to bear a grudge **175**
not put a foot wrong **272**
not the full shilling **154**
not to my taste **43**
not too keen none too keen **52**
not to worry **219**
not up to scratch **246**
not worth losing (any) sleep over **146**

O

off to a good start **95**
old as the hills, (as) **165**
old hand (at something), (an) **111**
old wives' tale, (an) **263**
on a collision course (with) **217**
on a knife edge **120**
on a lucky streak **239**
on a wing and a prayer **120**
on cloud nine **72**
one foot in the grave, (have) **166**
one for the road **56**
one good turn deserves another **159**
one-hit wonder, (a) **90**
one-night stand, (a) **16**
one's own worst enemy, (be) **214**
only the best is good enough **243**
on one's mind **183**
on / onto a winner **89**
on second thoughts **78**
on the back of (something) **58**
on the breadline **44**
on the case **103**
on the mend **171**
on the road to recovery / success / disaster... **55**
on the spur of the moment **149**
on the take **157**
on the warpath **76**
on top of the world, (feel) **72**
our day will come **141**
out of bounds **130**
out of proportion **248**
out of shape out of condition **171**
out of the blue **234**
out of the frying pan, into the fire **239**

out of the question 220
out of your depth 216
over my dead body 181
own up 215

P

pack of lies, (a) 262
party pooper, (a) 207
past one's prime, (be) 164
pay through the nose (for something) 135
PDA 21
peace of mind 183
penny saved is a penny earned, (a) 133
personally speaking 270
pie in the sky 212
pig out 45
pipe dream, (a) 210
plain as the nose on your face, (as) 105
plain to see 106
play your cards well / right 224
pleased as punch, (as) 125
please the eye, and plague the heart 124
plenty of life (still) left in the old body 164
poetic justice 173
politically correct 233
poor do, (a) 32
power corrupts, and absolute power corrupts absolutely (all) 232
practice makes perfect 30
practise what you preach 160
praise someone to high heaven 67
proven track record (in), (a) 111
pull one's weight 246
pull strings for someone 157
pull the plug on something 97
pure luck 239
pushing up daisies 181
push someone under the bus 62
put a brake on something 57
put a cat among the pigeons 217
put it down to experience 113
put it plainly / bluntly 85
put one's foot down 220
put one's mind at ease / rest 183
put one's (own) house in order 219
put someone on a pedestal 67
put / throw a spanner in the works 216
put two and two together fill (in) the blanks 155
put words in someone's mouth 229
put your shoulder to the wheel 95

Q

quality comes at a price 136
queer fish, (a) 168
quite a job doing something, (have) 119

R

rags-to-riches 89
rattle your dags! 128
raw deal, (get / have a) bum deal, (get / have a) 237
red tape 38
rest on your laurels 129
revenge is sweet 175
right under your nose 106
right up someone's street / alley 56
rise to the bait 169
rise to the occasion 89
rolling in it, (be) 137
rue the day (that) (live to) 58
ruffle some feathers 235
run a fever / temperature 171
running around like a headless chicken 258

running / racing around like a blue-arsed fly 127

S

sackcloth and ashes 195
sacred cow, (a) 66
second bite at the cherry, (a) 39
second nature (to someone) 243
seen better days 166
see the back of someone / something 251
see which way the cat jumps 148
self-praise is no recommendation 269
seller's market, (a) 188
selling right and left 253
send someone packing 13
separate the sheep from the goats 31
separate the wheat from the chaff 32
set my teeth on edge 259
settle a score 175
shake a leg! 128
share and share alike 233
shoot yourself in the foot 92
shotgun wedding, (a) 20
sight for sore eyes, (a) 33
sign of the times 141
sing someone's praises speak highly of someone 67
sink or swim 116
sit something out 129
size someone / something up 248
slap in the face, (a) 207
slip of the tongue, (a) 47
slipped my mind 192
slip though the net 169
small fortune, (a) 247
small talk 50
smooth as silk, (as) 118
snake in the grass, (a) 22
snowed under (with work) 244
social climbing 228
soft spot for someone, (have a) 15
someone by the balls, (have) 231
someone over a barrel, (have) 232
someone's goose is cooked 26
someone's other half someone's better half 18
sore point, (a) 29
sour grapes 126

split down the middle 205
spoonfeed someone 44
stand up for your rights 272
steer clear of someone 57
stick it up your jumper 222
stiff cheese 45
straight from the horse's mouth 85
straight from the shoulder 85
stretch the truth 265
strike it lucky 240
stroke of luck, (a) 236
stuff (one's) face 45
such is life 126
Sunday driver, (a) 56
surplus to requirements 187
sweat blood 253
sweep someone off their feet 208
sweet tooth, (a) 39
swing for the fences 205

T

take a deep breath 259
take a rain check 100
take it out on someone 76
take it with you 134
take kindly to someone / somebody 70

take pot luck 240
take someone's breath away 71
take someone / something at face value 261
take (the / a lot of) flak 63
take the bull by the horns 26
take the law into your own hands 175
take the plunge 78
talking shop 254
talk sense 225
talk the hind legs off a donkey 27
teething problems, (have) 217
that dog won't hunt 195
that's about the size of it 249
that's just the job 30
the best of both worlds, (have) 31
the big cheese 231
the bigger the better 249
the birds and the bees 18
the bitter end 251
the black sheep of the family 27
the blind leading the blind 154
the boot's on the other foot now 176
the boy / girl next door 15
the course of true love never did run smooth 21
the devil is in the detail 213
the devil's own luck, (have) 237
the difference between right and wrong 272
the facts of life 18
the feelgood factor 194
the general feeling is (that) 201
the good old days 141
the green-eyed monster 185
the grey vote 38
the hard sell 190
the icing on the cake 45
the left hand doesn't know what the right hand is doing 104
the love of my life 19
the luck of the draw 240
the morning after 59
the most likely scenario 79
the naked truth 267
the patience of a saint 197
the pecking order 146
the point of no return 130
the power behind the throne 232
the powers that be 232
there are plenty more fish in the sea 19
there are two sides to every question 162
there is robust evidence that 201
there's a lot to be said for... 209
there's a strong consensus 201
there's more to this than meets the eye 266
there's no such thing as a free lunch 134
there's one born every minute there's a sucker born every minute 152
the rest is history 107
the right to choose 273
the root of the matter 214
the sky is the limit 131
the spitting image (of someone) 203
the squeaky wheel gets the grease 209
the tide is turning 116
the way of all flesh 81
the whole nine yards 205
the wise money is on... 155
the world is at your feet 131
the world is your oyster 131
the writing (is) on the wall 107

they saw you coming 133
thick as pigshit, (as) thick as two short-planks, (as) 153
thing of the past, (a) 139
think again 209
think big 249
think highly of someone 67
think twice 225
this is the life! 125
thorn in the flesh, (a) thorn in my side, (a) 215
through clenched teeth 52
throw caution to the wind 259
throw enough dirt and some (of it) will stick 68
tie the knot 19
time after time 142
time and tide wait for no man 100
time critical 142
time is money 142
time is of the essence 143
time is on our side 143
tit for tat 176
tomorrow's another day 256
too good to be true 265
too much information 245
too much, too soon 245

toss-up, (a) 79
to the best of my knowledge as far as I know 261
touch and go 212
touch / hit a (raw) nerve 76
tough call, (a) 77
tough shit 240
trap for young players, (a) 223
tried and trusted 113
truth is stranger than fiction 267
truth is the first casualty of war 266
turn me on push my buttons 15
turn the other cheek 176
turn the place upside down 34
turn the world upside down 259
turn to custard 88
turn-up for the book(s), (a) 234
two left feet, (have) 32
two's company, three's a crowd 245
two sticks short of a bundle 154
two wrongs don't make a right 273

U

under the counter 158
unfinished business 251

unknown quantity, (an) 247
us and them 228
use it or lose it 155

V

vanish into thin air 11
victim of one's own success, (be a / the) 91
voice crying in the wilderness, (a) 213

W

wait your turn stand in line 100
walking on air 206
walk of shame 107
watched pot never boils, (a) 139
watch this space 98
wear your heart on your sleeve 108
weight off one's mind, (a) 182
well, if you ask me 270
well I'll be damned 235
we weren't to know 109
what else could I do? 221
what fate has / had in store for someone 82
what goes up must come down 82
what it takes, (have) 187

what must be, must be 82
what's eating you? 46
what's the plan? 151
what's your problem? 218
wheeling and dealing 190
wheels within wheels 216
when poverty comes in at the door, love flies out of the window 21
when the dust has settled 60
white lie, (a) 263
wild-goose chase, (a) 22
wind up 97
wing it 150
with all due respect 209
with flying colours (US: colors) 90
within my rights 273
without a care in the world 70
without batting an eyelid 197
words fail me 49

work around the clock 143
work hard, play hard 254
work like a dog 254
work like a Trojan 254
worse things happen at sea 116
worth one's salt 68
worth one's weight in gold 68
would I lie to you, honey? 262
wrap something up 97
write-off, (a) (complete) 86
written in the stars, (be) 80

Y

you can't always get what you want 241
you can't make an omelette without breaking eggs 46
you can't please everyone 124
you could do worse 225
you'd be well advised to 225
you get what you pay for 137
you know what I think 270
you live and learn 179
you make your own luck 241
you please, (as) you wish, (as) 123
your cake and eat it too, (have) 42
you reap what you sow 59
you're (just) not my type 13
your finger on the pulse, (have) 102
you're the best judge (of that) 270
your eyes are bigger than your stomach 46
your work cut out for you, (have) 119
you scratch my back, and I'll scratch yours. 159
you've got to be in (it) to win 241

1ª **edição** abril de 2019 | **Fonte** Celeste Sans
Papel Offset 75 g/m² | **Impressão e acabamento** Graphium